MICHAELA BROH

Motiviert studieren!

FERDINAND SCHÖNINGH

Die Autorin:
Prof. Dr. Michaela Brohm ist Professorin für Empirische Lehr-Lern-Forschung und Didaktik sowie Dekanin des Fachbereichs Erziehungs- und Bildungswissenschaften, Philosophie und Psychologie an der Universität Trier. Ihre Forschungsschwerpunkte sind Motivation, Lernen und Positive Psychologie. Sie ist Präsidentin der Deutschen Gesellschaft für positiv-psychologische Forschung (DGPPF).

Umschlagillustration: Roberto Chessa

Online-Angebote oder elektronische Ausgaben sind erhältlich unter
www.utb-shop.de

Bibliografische Information der Deutschen Nationalbibliothek

Die Deutsche Nationalbibliothek verzeichnet diese Publikation in der Deutschen Nationalbibliografie; detaillierte bibliografische Daten sind im Internet über http://dnb.d-nb.de abrufbar.

Internet: www.schoeningh.de

Printed in Germany.
Herstellung: Ferdinand Schöningh, Paderborn
Einbandgestaltung: Atelier Reichert, Stuttgart

UTB-Band-Nr: 4404
ISBN 978-3-8252-4404-0

Inhalt

Basics: Motivation kommt zu dem, der sie ruft

Wirksam sein wollen wir! Motiviert sein, Dinge voranbringen. Doch vom Referat zur Hausarbeit über das Poster, die Bachelor-Arbeit, bis hin zum Master und/oder der Dissertation – überall die gleichen Fragen: Sich engagiert einer Sache zuwenden, sie durchhalten und abschließen – wie schafft man das? Wie studiert man motiviert? Die Leistungsmotivations- und Willensforschung bietet hier zahlreiche praxisorientierte Hinweise und Handlungsempfehlungen, welche in diesem Band thematisiert und trainiert werden. Was also wirkt wirklich?
Um erfolgreich zu sein, braucht man Motivation und Willenskraft – also ein Ziel, für das man leidenschaftlich brennt und die Stärke, entschlossen darauf hinzuarbeiten. Deshalb ist dieser Band ein Pamphlet gegen die Faulheit und für Motivation und Willensstärke. Arbeiterliteratur sozusagen: ein wissenschaftlich fundierter Ratgeber für Studierende und Promovierende, die an sich und ihrem Erfolg arbeiten wollen.
So wie die ca. 400 meist hoch engagierten Studierenden in meinem Motivationsworkshop an der Universität Frankfurt. Gegen Ende des letzten Workshops fragten mich Studierende, was sie denn nun noch lesen könnten, um motiviert zu bleiben. Und spontan sagte ich, sie bräuchten gar nichts mehr lesen, sie wüssten jetzt alle Geheimnisse der Selbst-Motivation und sollten einfach aus der Tür des Hörsaals gehen und tierisch erfolgreich werden. Und so wuchs auf der Rückfahrt nach Trier die Idee, diesen Band für alle Studierende zu schreiben, denn ganz tief im Inneren wartet die Motivation nur darauf, dass wir sie anspringen – und sei es durch die Lektüre dieses Bandes.
Denn das ist das größte Geheimnis der Motivation: Wir denken oft, wir könnten mit einer Handlung nicht beginnen, weil wir nicht richtig motiviert dazu sind. Aber oft ist es umge-

kehrt. *Die Motivation kommt beim Tun. Sie wartet meist auf die Initialzündung. Sie will gelockt werden. Durch Handlung. Und daher sollten wir einfach anfangen.*

Einfach anfangen also. Wie in der Nike-Werbung: Just do it! Der Komponist Max Reger komponierte jeden Tag zu festgelegten Zeiten. Es wird erzählt, jemand habe ihn mal gefragt: Aber Herr Reger, sind Sie denn immer zur gleichen Zeit inspiriert? Reger soll geantwortet haben: „Die Inspiration kommt zu dem, der sie ruft!". Das Gleiche gilt für die Motivation.

Ich wünsche Ihnen, den Studierenden, dass Sie in diesem Band die Inspiration finden, die Sie brauchen, um erfolgreich und motiviert zu studieren. Gestatten Sie mir noch eine persönliche Bemerkung: Beim Schreiben habe ich mir vorgestellt, für einen guten Freund zu schreiben, der im Studium Motivationsprobleme hat. Daher sind Stil und auch die Inhalte ziemlich persönlich geworden und ich habe mich entschlossen, Sie, also den Leser/die Leserin zu duzen. Ein anderer Grund für diese persönliche Anrede ist auch, dass neuere Forschungsbefunde nahe legen, dass es motivierender ist, auch uns selbst in Selbstgesprächen nicht zu ichzen, sondern zu duzen. In diesem Sinne: Du schaffst das!

Und noch ein letztes: Egal, wo du jetzt stehst, ob dein Vater Jurist ist oder Lehrer, ob du aus einem Akademikerhaushalt kommst oder Zuhause fast kein Buch hattest, ob deine Eltern seit Jahren von Harz IV leben, oder du einen Migrationshintergrund hast, einen Einser Bachelorabschluss oder schon zwei Studiengänge abgebrochen hast: Du kannst deine Zukunft in starkem Anteil selbst gestalten. Da denke ich an den Spruch aus dem Netz: Egal wie dein Leben verläuft, es war nicht wegen der anderen, sondern wegen dir! Irgendwann muss man anfangen, sein Leben selbst in die Hand zu nehmen. Du bist mündig. Du bist verantwortlich. Du bist wirksam. Fang einfach an.

KURZ UND KNAPP

Wertschätze dich selbst genug, um

- deine Ziele entschlossen, beharrlich und leidenschaftlich zu verwirklichen,
- dich von all dem zu lösen, was dich davon abhält, auf deinem Weg weiterzugehen, zu wachsen und glücklich zu sein.

1. Durchstarten: warum du motiviert studieren solltest

Motiviert studieren heißt, seine Motivation, Willenskraft und strategische Stärke voll einzusetzen, um das Studienziel zu erreichen: den Abschluss. Hält man erst das Bachelor-, Master-, Diplom- oder Staatsexamenszeugnis in der Hand, eröffnen sich unglaublich reiche Lebensperspektiven.

1.1 Du kannst einer von ihnen sein

Innerhalb der nächsten zehn Jahre werden in Europa mehr Menschen studieren als je zuvor. Einige werden ihr Studium abbrechen, viele aber leidenschaftlich studieren, einen super Abschluss hinlegen, sich entwickeln und gesünder und reicher sein als Menschen ohne Studienabschluss. Sie werden sich ihren Teil vom besseren Leben sichern. Sie werden Verantwortung für den Lauf der Dinge übernehmen, Politik, Kultur, Bildung und Welt prägen. Und du kannst einer von ihnen sein.
Vielleicht bist du schon auf dem Weg dahin und willst nur schneller und effektiver studieren, vielleicht hast du ja auch zurzeit einen Durchhänger oder überlegst, das Studium abzubrechen. Oder du hast kein Geld mehr, um weiter zu studieren oder bist schon zwei Mal durch eine wichtige Prüfung gefallen, oder du willst vielleicht einfach erfolgreich sein und liest diesen Band –

ganz egal, fang einfach an zu werden, wer du sein willst! Ich habe im Laufe der Jahre unglaublich steil aufsteigende Entwicklungsgeschichten gesehen; sei voller Mut: Wo immer du jetzt stehst, du kannst erfolgreich sein. Denn Erfolg ist zum großen Teil eine Funktion aus Motivation, Willenskraft und Strategie.

ÜBUNG

Um erfolgreich zu studieren, ja, um generell erfolgreich im Leben zu sein, sind Motivation, Willenskraft und die Nutzung der richtigen Strategien die entscheidenden Faktoren. Hier kannst du dich bezüglich dieser Faktoren selbst einschätzen, z. B. anhand einer Skala zwischen 0 und 10 (0 = trifft überhaupt nicht zu, bis 10 = trifft stark zu):

1. Motivation
- Herausforderungen spornen mich an. 7
- Ich versuche ständig, meine eigenen Leistungen zu erhöhen. 2
- Ich versuche oft, eine Herausforderung um ihrer selbst Willen zu meistern. 0
- Ich habe Spaß an der Leistung und den damit verbundenen Gefühlen bei Erfolg. 5
- Hoffnung auf Erfolg motiviert mich stark. 5
- Ich will mich selbst als kompetent und wirksam erleben. 9

2. Willenskraft
- Wenn ich mich für etwas entschieden habe, lasse ich mich nicht mehr beirren. 6
- Meine Eltern, Geschwister oder Freunde sagen, ich hätte einen starken Willen. 8
- Ich kenne meine Ziele und tue ernsthaft etwas dafür, sie zu erreichen. 7

- Ich verzichte oft auf etwas, was im Augenblick zwar Spaß machen würde, mich aber von meinen langfristigen Plänen wegführt (z. B. in den Biergarten zu gehen statt an der Hausarbeit zu schreiben) . 2
- Ich tue oft das, was mir im Augenblick zwar zuwider ist, mich aber langfristig glücklicher macht (z.B. Statistik lernen statt ins Freibad zu gehen). 2
- Beim Lernen und Arbeiten schlage ich mich oft ziemlich tapfer. 3

3. Strategie
- Ich weiß, was ich im Leben erreichen will. 1
- Wenn ich mich für etwas entscheiden habe, finde ich einen Weg, das zu verwirklichen. 9
- Ich kenne Strategien, mit denen ich meine langfristigen Ziele gegen meine spontanen Impulse abschirme. 2
- Wenn ich etwas erreichen will, plane ich den Weg bis zum Ziel. 8
- Ich kenne Strategien, wie ich es schaffe, an meinen Zielen dranzubleibe, auch wenn spontan äußere Ablenkungen auftauchen. 1-2
- Ich weiß, wie ich es schaffe, mich total zu fokussieren. 3

Egal wie deine Selbsteinschätzung oben ausgefallen ist: Lass dich nicht beirren, denn Motivation, Willenskraft und Strategienutzung kannst du lernen! Da bin ich sicher, denn mit Motivationsproblemen kenne ich mich aus – persönlich und beruflich. Hier nun einige persönliche Sätze: Als Kind hatte ich heftige Schulprobleme, war laut Grundschulgutachten „für die Realschule nur bedingt geeignet". Ging trotzdem hin. Als Jugendliche sollte ich Floristin werden, so mein Arbeitsamtsberater. Erste hoffnungsvolle Anzeichen, rüber zum Gymnasium. Später erstes Studium abgebrochen, anschließend Lehramtsstudium in Essen (Musik/Geschichte), halb verwildert in Rockband und WG, doch noch die Kurve gekriegt, Referendariat, Studienrätin, später Oberstudienrätin in der Pfalz. Promotion in Musikwissenschaft, Assistenzzeit an der Universität Münster, zwei Rufe auf Professuren. Zurzeit bin ich Professorin für Lehr-Lern-Forschung und Dekanin an der Universität Trier, wo mein Forschungsschwerpunkt auf der Motivation liegt.

Wohl aus dem Verlauf meiner eigenen Entwicklung erklärbar, habe ich als Lehrerin damit angefangen, für meine Schüler/innen „Motivationskurse" zu halten und das Thema hat mich im Laufe der Jahre nicht mehr losgelassen. Heute führe ich Forschungsprojekte zur Leistungsmotivation durch, halte die Vorlesung „Lerntheorie und Motivation" und publiziere darüber. Klingt vielleicht arrogant, aber es ist wirklich so: Mein Praxisband „Motivation lernen" (2012) für Schüler/innen ist der Renner in Deutschland, Österreich und der Schweiz.

Und jetzt schreibe ich diesen Motivationsband für Studierende, weil ich fest davon überzeugt bin, dass Menschen sich entwickeln wollen. Dass jeder Mensch letztendlich seinen Kern finden und an ihm wachsen will und kann: kognitiv (also geistig), emotional und sozial!

Und wenn das mal phasenweise nicht geht, dann sind wir eventuell gerade blockiert und brauchen vielleicht nur eine Initialzündung, um im eigenen Tempo das innere Wachstum wieder voranzubringen.

Das habe ich im Laufe der Jahre bei vielen Studierenden immer wieder erlebt. Und daher bin ich fest davon überzeugt: Jeder, der es bis zum Studium geschafft hat, kann im Studium selbst erfolgreich sein. Es ist kaum vorstellbar, dass ein Mensch eine

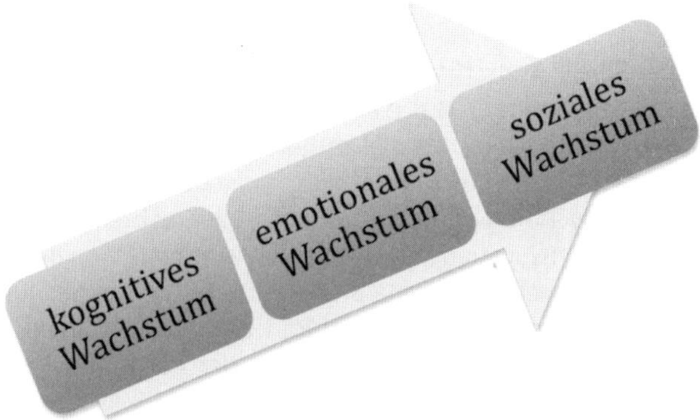

Abb. 1: Entwicklungsprozesse auf motivationaler Grundlage

Abiturprüfung schafft und sein Verstand dann nicht ausreicht, um sich erfolgreich durch seine Hausarbeiten und Klausuren zu kämpfen. Wer dann noch genug Motivation, Willenskraft und Strategie hat, entfacht eine ungeheure Entwicklungskraft. Es läuft. Es läuft. Die Sache läuft wie der Blitz. Wenn man nur weiß, wozu. Wenn man wirklich weiß, wozu! Wenn du dich heute entscheidest, dein Studium abzuschließen – oder es vielleicht sogar richtig erfolgreich abzuschließen – verläuft dein Leben in vollkommen anderen Bahnen, als wenn du jetzt aufgibst.

ÜBUNG

Bevor wir auf die Fakten schauen, frage dich selbst doch mal nach den Gründen, warum du studierst. Setz dich doch jetzt mal in aller Ruhe hin, und denke über diese Frage nach. Am besten, du machst dir einige Notizen: Ich studiere weil...

- Mögl. d. Entwicklung
- Freiheit
- Job mit Lebensstandard

1.2 Ressourcen sichern

„Mein Berufswunsch war seit Langem klar", schrieb einer meiner Studierenden auf die obige Frage, „und ein Studium ist der einzige Weg, um diesen Beruf zu erreichen". Ja, das Studium ist das Ticket zum Einstieg in die berufliche Welt der Juristen, Psychologen, Sozialarbeiter, Ärzte, Lehrer, Betriebswirte – ja, zum Einstieg in die Welt aller akademischen Berufe. Denn ein Quereinstieg ohne Studium ist in all diese Berufe in Europa nicht möglich; das Studium ist also die Berufsausbildung der Akademiker. Und diese Art der Berufsausbildung wählten im Wintersemester 2013/14 rund 2,6 Millionen Studierende, die an Hochschulen in Deutschland eingeschrieben waren. 2007 waren es noch rund 700.000 weniger, nämlich 1,9 Millionen und seither wächst die Zahl kontinuierlich. Von den 2,6 Millionen waren 1,7 Millionen an Universitäten und 840 Tausend Studierende an Fachhochschulen immatrikuliert. Hinzu kommen Kunsthochschulen und Verwaltungshochschulen (je rund 33.000). Und darf man den Bildungszielen und -prognosen glauben, werden es in Zukunft immer mehr sein.

Doch einige schaffen ihr ursprünglich anvisiertes Ziel nicht: 33,2% der Studierenden geben unterwegs auf. Das heißt also, dass fast jeder dritte Studierende sein Studium abbricht. Na ja, man kann jetzt zur Beruhigung die Abbruchquote in den USA dagegenstellen: Dort ist es mehr als jeder Zweite, nämlich immerhin 54%. Da geht's dem Land der Dichter und Denker doch wesentlich besser.

Wir könnten aber auch kurz voller Neid nach Japan (10,8%), Dänemark (16,3%) oder Frankreich (21%) gucken, aber lassen wir das und sehen stattdessen mit prophylaktischem Blick auf die Gründe, die die Studienabbrecher in Deutschland angeben, nämlich:

- Leistungsprobleme (20%)
- Finanzielle Probleme (19%)
- Mangelnde Studienmotivation (18%)
- Studienbedingungen (12%)
- Neue berufliche Orientierung (10%)
- Familiäre Probleme (4%)
- Schwere eigene Krankheit (4%)

Fraglich bleibt, ob der Spitzenreiter „Leistungsprobleme" nicht mit starkem Anteil der „mangelnden Studienmotivation" zugerechnet werden kann. Ist es denn nicht so, dass man sich heftigst durch Studienprobleme kämpft, wenn man wirklich motiviert ist? Rennt nicht der Ultra-Langstreckenläufer 160 oder gar 220 Kilometer, wenn er nur einen Grund dazu hat? Die rote Zielfahne am tosenden Atlantik zu erreichen, wo seine Geliebte mit leuchtenden Augen auf ihn wartet? Und dafür nimmt er 32 Grad im Schatten oder eiskalten Nachtwind und oft auch blasenüberzogene Fußballen auf sich. Leistungsprobleme? Motivationsprobleme?

Und die „Leistungsprobleme" bei Studierenden? Wäre es jetzt zynisch, die alte Wahrheit zu zitieren, die da heißt: Wenn du wirklich etwas machen willst, dann findest du einen Weg, wenn nicht, findest du eine Ausrede?

Wir können selbst heftigste Leistungsprobleme überwinden, wenn es sich lohnt! Es lohnt sich. Sehr. Wie sehr, das zeigt vielleicht am deutlichsten ein Blick auf unsere persönlichen Ressourcen: Der französische Soziologe Pierre Bourdieu schildert in seinem bahnbrechenden Band „Die feinen Unterschiede" 1979 erstmals drei Arten von Kapital, über die jeder einzelne Mensch verfügt: das ökonomische Kapital, das soziale Kapital und das kulturelle Kapital.

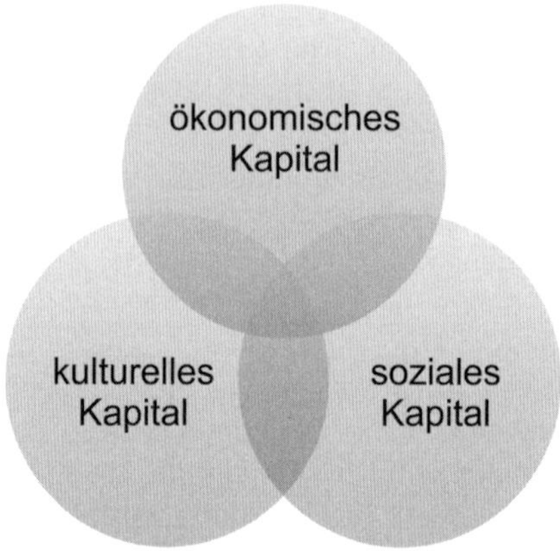

Abb. 2: Kapitalvolumen eines Menschen (in Anlehnung an Bourdieu 1979)

ÜBUNG

Wenn du Lust hast, bewerte deine Verfügbarkeit über die Kapitalarten anhand der folgenden Erläuterungen doch mal auf einer Skala zwischen Null (habe ich nicht) und Zehn (habe ich sehr stark).

Als ökonomisches Kapital (1) gilt das unmittelbar geldwerte Kapital: also materielle Dinge, Zeit und Sozialvermögen oder schlicht: Mein Auto, mein Haus, meine Zeit, meine reiche Frau, mein reicher Mann.

ÜBUNG

Skala: 0 – 1 – 2 – 3 – 4 – 5 – 6 – 7 – 8 – 9 – 10
(habe ich nicht) (habe ich sehr stark)

Soziales Kapital (2) meint diejenigen Ressourcen, die auf der Zugehörigkeit zu einer sozialen Gruppe beruhen. Es geht hier um die Größe und Qualität des sozialen Netzwerks und um die ökonomischen, sozialen und kulturellen Kapitalien, über die die einzelnen Mitglieder des Netzwerks verfügen und auf die man tatsächlich zugreifen könnte. Der Freund des Freundes kann auch uns mal helfen. So erhöht das soziale Kapital die eigenen ökonomischen, kulturellen und sozialen Ressourcen.

ÜBUNG

Skala: 0 – 1 – 2 – 3 – 4 – 5 – 6 – 7 – 8 – 9 – 10
(habe ich nicht) (habe ich sehr stark)

Das kulturelle Kapital (3) schließlich beinhaltet alle Formen persönlicher Bildung, kognitive Kompetenzen, Konzertbesuche, Dichterlesungen, Bücher, PCs und natürlich schulische Ausbildung, akademische Abschlüsse und Titel, Fort- und Weiterbildungen, Zeugnisse, Zertifikate usw.

ÜBUNG

Skala: 0 – 1 – 2 – 3 – 4 – 5 – 6 – 7 – 8 – 9 – 10
(habe ich nicht) (habe ich sehr stark)

Nach Bourdieu (Bourdieu 1979) bilden diese drei Kapitalarten gemeinsam das Kapitalvolumen, über welches ein Mensch verfügt. Biographisch lassen sich die individuellen Kapital-Entwicklungen in Zeitachsen abbilden.

ÜBUNG

Wenn du in einem Diagramm mit X- und Y-Achse die Einschätzung deiner Entwicklungen in Bezug auf die drei Kapitalarten für die letzten zehn Jahre einträgst, wie sehen die Kurven aus? (X = Jahre, Y = Verfügbarkeit des jeweiligen Kapitals in drei Kurven).

Alle drei Kapitalarten hängen sehr eng zusammen und bedingen sich gegenseitig, wobei geringe Ausprägungen in einem der Bereiche durch die beiden anderen oft mit enormem Kraftaufwand ausgeglichen werden müssen. Der Bodyguard, der die Topsängerin heiratet, erhöht da leichter und schneller sein Kapitalvolumen.

TIPP

Spannend daran ist, dass der Studienabschluss schlagartig das kulturelle Kapital erhöht – auf der kulturellen Zeitachse führt der Abschluss zu einem gewaltigen Sprung und steigert ökonomisches und soziales Kapital dadurch ebenfalls. Wem das zu ökonomisch klingt, hier die pragmatische Variante: Wer einen hohen Bildungsabschluss hat, hat mehr soziale Möglichkeiten, ein hohes kulturelles Niveau und mehr Verfügungsfreiheit über materielle Ressourcen.

Und all das zeigt sich Tag für Tag im Verhalten: Bourdieu belegte durch jahrzehntelange Forschungsarbeit empirisch gesichert, dass *Menschen, je nach sozialer Klasse, einen spezifischen „Habitus" an sich haben, also ein spezifisches Auftreten als Person,* das sich z.B. im Lebensstil, Musikgeschmack, der Wohnungseinrichtung, der Ernährung, in der Kleidung, der Sprache usw. ausdrückt. An seinem Habitus

lässt sich der soziale Rang und Status eines Menschen innerhalb der Gesellschaft ablesen; der Richter, der die fremde Bäckerei betritt, wird sofort entsprechend eingeordnet (und, so ungerecht das ist: auch bedient...).
Obwohl der Habitus kurzfristig kaum beeinflussbar ist, kann er durch Erfahrungen verändert werden, und eine der wichtigsten Bildungserfahrungen, die du machen kannst, ist sicher dein Studienabschluss: Mit dem Bachelor- oder Masterzeugnis in der Hand weiß man jubelnd, was man geschafft hat. Man weiß, man kann was. Ich weiß, dass ich was weiß! Das ICH weiß das, und trägt das entsprechende Bewusstsein vor sich her. Und verhält sich entsprechend. Auch wenn unser humanistisches Herz hier vielleicht über Ungerechtigkeit klagt, wir müssen einfach konstatieren, dass Akademiker in der Regel mehr soziale, materielle und kulturelle Freiheiten haben als Nicht-Akademiker, und dass diese Freiheit ein akademisch-selbstbewusstes Verhalten mit sich bringt, das ausstrahlt. Und mehr noch.

1.3 Karriere starten

Wenn du dich entscheidest, dein Studium durchzuziehen, hältst du dir viele berufliche Entwicklungsmöglichkeiten offen, denn das Studium eröffnet Karriereoptionen, die Nicht-Akademikern verschlossen bleiben. In vielen Unternehmen und auch im Öffentlichen Dienst können zwar auch Arbeitnehmer ohne Hochschulabschluss weit in der Hierarchie aufsteigen, aber irgendwann geht meist nichts mehr: Die gläserne Decke ist erreicht. Da stößt man immer wieder an, sieht auch all die Aufsteiger auf der anderen Seite, arbeitet wie ein Tier, doch durchdringen kann diese Barriere nur, wer einen Studienabschluss schwarz auf weiß vorweist. Alle anderen stoßen sich immer wieder den Kopf an dieser unsichtbaren

Schranke. Ohne Studium reduziert man also seine berufliche Entwicklungsfreiheit. Wer hochqualifiziert ist, kann den besseren Arbeitgeber auswählen, findet eher ein Unternehmen mit freundschaftlichem Arbeitsklima, Möglichkeiten der Vereinbarkeit von Familie und Beruf, hoher Arbeitsplatzsicherheit und guten Weiterbildungsmöglichkeiten. Er oder sie findet die besseren Chefs (weil er oder sie die Wahlmöglichkeiten hat), kann mehr Verantwortung übernehmen und von internationalen Entwicklungsoptionen ganz zu schweigen. Wer hochqualifiziert ist, hat die Freiheit der Wahl.
Mit Studium hat man also bessere Karriere- und Aufstiegschancen. Und insgesamt auch bessere Chancen am Arbeitsmarkt, denn Menschen mit Hochschulabschluss haben die geringste Arbeitslosenquote: Die Wahrscheinlichkeit, arbeitslos zu werden, liegt für jemanden ohne Berufsausbildung bei rund 20 %, für Lehr- oder Fachschulabsolventen bei rund 5%, wer sein Studium abgeschlossen hat, kann getrost damit rechnen, einen Job zu finden, denn dessen Wahrscheinlichkeit auf Arbeitslosigkeit liegt bei nur 2 %.

1.4 Leben auf hohem Niveau

Bei einem 20-jährigen macht es kaum einen Unterschied, ob er/sie keine Berufsausbildung oder kein Abitur hat. Ohne Berufsausbildung verdient er im Schnitt 10.338 Euro, mit Abitur 10.833. Aber nehmen wir an, der Abiturient entwickelt sich weiter, studiert und ist schließlich Mitte 40. Dann sehen die Einkommensverhältnisse vollkommen anders aus: Der ohne Berufsausbildung verdient 28.261 Euro, der mit Berufsausbildung 31.677, der mit Abitur 41.418, der Fachhochschulabsolvent 56.606 und der mit Uniabschluss 68.371 Euro im Jahr. Dein Abitur hat sich also schon mal gelohnt.

Wenn du jetzt noch dein Studium abschließt, verdienst du über die Lebensarbeitszeit ca. 2,319 Mio. Euro.
Und auch wenn dein Herz links schlagen sollte, müssen wir hier einen Blick auf die Folgen des hohen Einkommens werfen, denn daraus entwickeln sich all die Vorteile, die durch Geld zu kaufen sind: hoher gesundheitlicher Schutz, hochwertige Ernährung, hohe Absicherung der Familie, edle Reisen, schicke Autos, Häuser, Aktentaschen, guter Geschmack (kleiner Scherz), wertvolle Bibliothek, Rechner, Smartphones, super Programme usw.

TIPP

Gemessen am Durchschnittseinkommen leben die meisten Akademiker in Deutschland auf sehr hohem Niveau. Und sie leben nicht nur gut, sondern auch länger.

1.5 Lange leben

Auch noch das: In zahlreichen Studien konnte nachgewiesen werden, dass der Bildungsgrad Einfluss auf die Lebenserwartung hat. Menschen mit geringerem Bildungsgrad altern schneller und sterben früher als Menschen mit hohem Bildungsgrad. Die Anzahl der dazwischenliegenden Jahre weicht zwar je nach Studie voneinander ab, im Schnitt können wir aber von drei bis vier Jahren ausgehen, – bei höheren Beamten sollen es eher fünf Jahre sein... Und wenn Akademiker sterben, sterben sie nicht nur später, sondern biologisch auch jünger: So maß Andrew Steptoe (2005), ein Forscher des University College London, mit seiner Forschergruppe die Länge der Telomere – das Ende der Chromosomen – im Blut von Probanden. Telomere schützen die DNA vor Schäden und deren Länge scheint untrüglich auf die Alterung eines Men-

schen hinzuweisen. Je länger sie sind, desto jünger der Mensch. Und das Ergebnis war eindeutig: Je geringer der Bildungsgrad des Probanden, desto kürzer die Telomere – desto schneller also sein Alterungsprozess.
So lässt ein geringer Bildungsgrad Menschen schneller altern und früher sterben. Wahrscheinlich liegt es daran, dass gebildete Menschen eher Entscheidungen für einen gesünderen Lebensstil treffen: Sie ernähren sich oft gesünder, weil sie sich gesündere Lebensmittel leisten können, achten stärker auf die Reaktionen ihres Körpers, sind oft besser krankenversichert, rauchen weniger, bewegen sich gesundheitsdienlich usw. Zudem stressen schlechte Lebens- und Arbeitsbedingungen den Körper und führen zu schnellerer Alterung.

1.6 Wachsen!

Lassen wir mal einen Moment die ökonomischen und sonstigen Argumente weg, denn jenseits von alledem findet sich ein starkes intrinsisches Motiv: *Studieren ist zuallererst Selbstentwicklung. Zu beobachten, wie man kognitiv, emotional und sozial wächst – wie man seine eigene Persönlichkeit entfaltet –, das ist für Viele wohl ein großes Glück!* So viel Wissen, so viel Können, so viele Handlungen, Rechenschritte, Gesetzestexte, Bauplananalysen, Literaturquellen, Notentexte – so viele Abstrakta, so viele verborgene Schätze, die danach schreien, dass man an ihnen wächst.
Denn das abstrakte Denken lässt die Leistungsstärke unseres Gehirns wachsen. Nehmen wir zum Beispiel einen Studierenden, der in einer Vorlesung sitzt und komplexe Inhalte hört und auf den Folien sieht. Unser Gehirn verarbeitet alle Informationen, die unsere Sinne uns bieten – alles was wir sehen, hören, spüren, schmecken, riechen – und integriert entsprechende neue Informationen in die vorhandenen neuronalen

Netze. Das bedeutet, dass unser Gehirn durch die Neuronen und deren Interaktion funktioniert. Der Studierende hört und sieht – optimal wäre, er würde die Inhalte auch noch schreiben, so integriert er auf drei Ebenen die Impulse, die der Dozent aussendet, was dazu führt, dass sein Gehirn die Informationen gleich mehrfach verarbeitet. Die Neuronen werden stimuliert: Rund 21 Milliarden sind es allein im äußeren Teil, dem gefurchten Großhirn unter der Schädeldecke.

Hat der Studierende bisher in seinem Leben schon zahlreiche Sinneserfahrungen gemacht (insbesondere sehen und hören von Inhalten), dann sind seine Neuronen dicht vernetzt, weil sie die Erregung von Zelle zu Zelle weiterleiten und dazu Vernetzungsleitungen schaffen, die von einem Neuron ausgehen und sich als lange, fadenartige Axone vortasten. An deren Ende suchen Synapsen wie Greifarme nach Andockstellen an das nächste Neuron, nach dessen Dendrit. Zwei Zellen verkoppeln sich also ähnlich wie ein Stecker mit einer Steckdose. Synapse und Dendrit verbinden sich allerdings nicht mechanisch, sondern biochemisch – durch biochemische Transmitter (Botenstoffe). Steht die Verbindung, fließt der erregende Impuls von einer Zelle zur nächsten. Mitten in der Vorlesung.

Lernen wir nun etwas, so verstärken sich die entsprechenden Übertragungswege wie bei einem Laufpfad, der ständig genutzt wird. Haben wir schon viel gelernt, können neue Inhalte leichter in das Geflecht integriert werden. Unser Studi ist also klar im Vorteil, wenn er in die Vorlesung geht. Sein neuronales Netzwerk wächst und wächst. Wer sich nicht stimuliert, hat weniger neuronale Netze...

So auch beim emotionalen Stimulus: Zum Beispiel, als wir uns das erste Mal verliebt haben. Der ganze Körper rauscht, weil die Hormone Freudenfeste feiern und die neuronalen Erregungen so stark sind. Das Gehirn arbeitet auf Hochtouren und versucht, all die neuen Impulse zu vernetzen. Wie wild bilden sich neue neuronale Strukturen, die uns verstehen lassen, was

da vor sich geht: Aha, so geht das also mit Liebe, Liebeskummer oder Nähe, Küssen, Sex...
Lernen heißt also, dass wir Informationen mit unseren neuronalen Verbindungen aufnehmen, verarbeiten und relativ dauerhaft in neuronalen Netzen speichern. Auf dieser Grundlage bilden wir unser zukünftiges Verhalten aus. *Lernen ist also eine recht dauerhafte Verhaltensänderung oder Änderung des Verhaltenspotenzials*: Nach der Vorlesung können wir neu, anders denken und daher vielleicht neu, anders analysieren, diskutieren, schreiben, rechnen, reflektieren, didaktisieren, lernen usw. Oder, um beim Verlieben-Beispiel zu bleiben: Wir haben gelernt, was Liebe ist, wie sie funktioniert und welche Verhaltensweisen zu welchem Ergebnis führen. Hat unser Verhalten zum Erfolg geführt (!), behalten wir das eher bei, ist der potenzielle Liebespartner hysterisch vom Kanapee gesprungen und schreiend davon gerannt, als wir versucht haben, ihn rauschhaft und heftig zu küssen, modifizieren wir das Verhalten. Beim nächsten Mensch' wird alles anders... So geht Lernen.
Und jetzt kommt das Unglaubliche: Das Gehirn ist plastisch und entwickelt sich immer weiter, je nachdem, ob und mit was wir es „füttern". Kognitive, sensomotorische, emotionale, soziale Stimulation, also Erfahrungen (!), führen dazu, dass immer mehr Synapsen gebildet werden und sowohl die Dendritenlänge als auch die Neuronengröße zunehmen (!). Und das führt zu neuen neuronalen Netzen im Gehirn – zu mehr Neuronen, mehr Vernetzungen und mehr Handlungsmöglichkeiten! (wer nie gelernt hat zu küssen, hat weniger Handlungsmöglichkeiten...).
Das heißt also klipp und klar: *Lernen steigert unsere Verhaltensressourcen; gibt uns Freiheit im Handeln*. Im selbstgesteuerten Handeln. Im aufgeklärten Handeln sozusagen. Im verstandesfundierten Handeln im Kant'schen Sinne (1784): „Aufklärung ist der Ausgang des Menschen aus seiner selbst-

verschuldeten Unmündigkeit. Unmündigkeit ist das Unvermögen, sich seines Verstandes ohne Leitung eines anderen zu bedienen. Selbstverschuldet ist diese Unmündigkeit, wenn die Ursache derselben nicht am Mangel des Verstandes, sondern der Entschließung und des Muthes liegt, sich seiner ohne Leitung eines anderen zu bedienen. Sapere aude! Habe Muth, dich deines eigenen Verstandes zu bedienen!" (Kant 1784, S. 481).

Den „Mangel an Verstand" (!) – übertragen auf unseren Kontext also der Mangel an Synapsenbildung – entsteht durch Abschottung von kognitiven, sensomotorischen, emotionalen oder sozialen Stimuli – oft als Deprivation bezeichnet. Also auf gut Deutsch: Wer immer einsam im Keller sitzt (wollte hier nicht so klischeehaft „vorm Computer sitzt" schreiben – meine das aber), bildet wenig sozialbezogene neuronale Netze oder – falls es früher anders war – baut seine diesbezüglichen Neuronenbahnen langsam ab. Zugespitzt: soziale Verblödung. Das Gleiche gilt für die Kognition: Wer als Studierender immer nur simple Texte liest und sprachlich auf WhatsApp-Niveau produziert, verblödet kognitiv sozusagen. Es kommt zu Vergessen und Löschungen.

TIPP

Die Neuronen funktionieren wie Muskeln: Use it or lose it... Es geht also darum, möglichst vielfältige und neue kognitive, emotionale und soziale Erfahrungen zu machen und das Gehirn damit positiv anzuregen.

Vor Jahren habe ich mal ein Interview mit der „intelligentesten Frau der Welt" gelesen und sie wurde darin gefragt, wie sie es denn geschafft habe, so intelligent zu sein. Und sie antwortete, sie würde häufig Texte lesen, die etwas zu schwer für sie seien. Immer etwas über dem Limit, um sich selbst herauszu-

fordern. Und sie würde oft auch Texte aus Disziplinen lesen, die ihr ganz fremd wären. Astronomie, Mathematik oder Ähnliches. Nur so, aus Spaß an der Herausforderung. Lerntheoretisch ist heute klar: Sie zündet neuronale Feuerwerke.
Ich sage meinen Studierenden oft, sie sollten sich durch das Wissen, die Musik, die Malerei, die Literatur der Welt stimulieren lassen:

TIPP

Raus aus der Komfortzone, in wissenschaftliche Texte vertiefen, fremde Menschen und Kulturen kennenlernen, neue, vielfältige, komplizierte Inhalte lesen, sich Herausforderungen stellen. In die Welt des Geistes gehen, lernen, forschen, sich entwickeln und wachsen. Wachsen wollen. Neugier auf das Wissen der Welt. Neugier auf das Wissen des eigenen Studienfachs. Vertiefte, leidenschaftliche Neugier. Leidenschaftlich neugierig sein.

1.7 Stolz und frei: It never rains in southern California

Schließlich: Viele leiden lange darunter, dass sie nicht studiert haben – oder nicht fertig studiert haben und gehen ganz unterschiedlich damit um.
Ich hörte von einem Bekannten aus dem Sauerland, der ein Leben lang vorgibt, Jurist zu sein und sogar nebenbei kleine juristische Beratungen durchführt, weil keiner in seinem Dorf wissen darf, dass er sein damaliges Studium abgebrochen hat und gar kein „richtiger Studierter" ist. Und nur eines Nachts im besoffenen Kopf fängt er davon an zu erzählen – so wie die Kriegsteilnehmer unserer Großelterngeneration nur im angetrunkenen Zustand ihre Kriegserlebnisse erzähl-

ten – ähnlich traumatisierend, oder zumindest mit Makeln behaftet, scheint ein Studienabbruch sein zu können (nicht müssen, aber können!). Und so tut ein guter Freund mit Studienabbruch auf seiner Internetseite bezüglich seiner Biographie kurz kund: „Studierte das und das in soundso" – das kann man auch schreiben, wenn man nur eine Woche immatrikuliert war...

Andere stehen dazu, aber der Abbruch war fast immer „kurz vorm Examen", „kurz vorm Bachelor" oder „mir fehlt nur noch ein Schein, den mach ich irgendwann noch" usw. Das ist genau wie bei der Promotion. Wie oft habe ich Niederlagenstorys von ehemaligen Doktoranden gehört: „Ich hatte die Doktorarbeit fast fertig, da hat jemand mein Laptop geklaut", „...da hat mein Prof. schon die Ergebnisse publiziert" „...da hatten wir einen Wasserschaden im Arbeitszimmer und alle Unterlagen waren hin."

Wieder andere schleppen das Studium oder die Abbruchentscheidung jahrelang mit sich rum, fahren die Bachelorarbeit monatelang im Kofferraum spazieren oder stapeln die Promotionsunterlagen jahrelang in der Ecke. Was für eine Verschwendung an Energie!

Das wäre mir alles zu stressig. Deshalb schlage ich vor, man studiert, studiert das fertig, was man studiert und lebt frei und lustig. Ohne Angst, „entdeckt" zu werden, ohne Angst, nicht anerkannt zu werden und auch ohne Abwertung der „Studierten". Das habe ich auch schon öfter erlebt: Selbst kein Studium hingekriegt und die „Großkopferten" immer mal wieder abwerten: Die „da oben", die im „Elfenbeinturm", die „von der Praxis keine Ahnung haben", die „studierten Spinner", die „meinen, dass sie was Besseres sind!". Meinen wir nicht, meinen nur, dass wir uns echt lange und intensiv mit einem Themenfeld beschäftigt und fachliche Expertise aufgebaut haben und vielleicht wirklich etwas Substanzielles beitragen können. Das meinen wir.

Und warum das alles? Warum Abwertung, Scham und Frust? Ja, man kann auch ohne Studium materiell und immateriell reich werden, sicher, aber es ist freilich meist viel schwerer. Es sei denn, man hat eine begnadete Idee – wie Steve Jobs oder so...

Denn *der Studienabschluss ist ein Vertrauenszertifikat*, das dem Gegenüber erleichtert einzuschätzen, ob man wirklich was kann und nicht nur ein Hochstapler ist, der nichts drauf hat und irgendwas – oder sich selbst – verkaufen will. Das Unizertifikat ist die Referenz, die du bei jeder Bewerbung, bei jedem Job, bei jedem Verkaufsgespräch, bei jeder ersten Verabredung vor dir her trägst und die dir das Grundvertrauen des anderen sichert. Es ist dein Leumund: Guck mal, ich kann was! Du kannst mir vertrauen!

Wenn du das nicht hast, brauchst du ein Leben lang einfach mehr Zeit, Fortbildungen, Netzwerkpartner, also Beweise, um Menschen davon zu überzeugen, dass du wirklich gut bist. Aufreibend. Ermüdend.

Nicht, dass du mit 80 im Schaukelstuhl sitzt und denkst: Hättest du nur... Du hättest dich und deine Familie viel leichter durchbringen können. Hättest dir das Corbusier-Sofa im Original gekauft und nicht diese billige Kopie von dem holländischen Markenimitator der inzwischen im Knast sitzt. Du hättest dir die tollsten Cellokonzerte auf der ganzen Welt angesehen – in der Walt Disney Concert Hall in LA, der Berliner Philharmonie und diesem spektakulären Konzertsaal in Rio, wärst oft nach New York zum Shoppen gefahren und nach Los Angeles am Santa Monica Beach in diesen riesigen Apple Store. It never rains in southern California. Du hättest so ein geiles Leben haben können. Ja, das hättest du haben können. Hättest du dich damals nur mit ganzer Kraft entschieden anzufangen, wärst dran geblieben und hättest abgeschlossen. Stolz. Frei. Hättest du doch nur... Deine Zeit ist jetzt! Hau rein!

2. Motivation ist eine Lebensart: die Psyche ausrichten

Unsere Zeit ist wild und hart. Motivation wächst aber nur in unseren offenen, hoffnungsstarken Momenten und geht gen Null, wenn wir schlecht drauf sind. Deshalb sollten wir zuallererst darauf achten, dass es uns gut geht; ansonsten wird es schwer, motiviert zu arbeiten. Wir sollten diejenigen Elemente in uns selbst und unserem Umfeld stärken, die uns helfen, kognitiv, emotional und psychosozial „aufzublühen" (flourish). Auf dieser positiven Basis entwickelt sich die Motivation.

2.1 Wilde Zeit – harte Zeit

Es lohnt sich sehr, mal kurz einen Blick auf die Gegenwart zu werfen, in der wir leben und arbeiten – auch wenn es in diesem Kapitel vielleicht zunächst mal leicht beklemmend wird. Um es direkt zu sagen: Trotz Fachkräftemangel leben wir in einer stürmischen Zeit und der Arbeitsmarkt, auf den du triffst oder treffen wirst, ist knallhart. Der Liedermacher Heinz-Rudolf Kunze bringt es in „Halt" auf den Punkt:
„Was für eine wilde Zeit
alles ist im Fluss

müde wird wer immer aufwärts schwimmen muss
was er mit sich reißt
wird verloren sein
und wen er verschont bleibt abseits wie ein Stein."

Und die wilde Zeit ist auch empirisch nachweisbar, nämlich in der

- Beschleunigung vieler gesellschaftlicher Prozesse durch die Technologisierung,
- Entgrenzung der (Arbeits-)Märkte durch Globalisierung,
- zunehmenden Ausdifferenzierung von Prozessen,
- Steigerung der Rationalisierung und Standardisierung verbunden mit Effektivitäts- und Effizienzparadigmen durch (neoliberale) Ökonomisierung,
- Domestizierung von Natur und Mensch u. a.

Diese Modernisierungstendenzen werden in der gesellschaftlichen Oberflächenstruktur als Transformationsprozesse deutlich: auf der Metaebene der Weltgesellschaft, auf der Makroebene der Nationalstaaten, auf institutioneller und organisationaler Ebene (Mesoebene) und schließlich auf der Mikroebene – dem Menschen – also uns! – selbst.

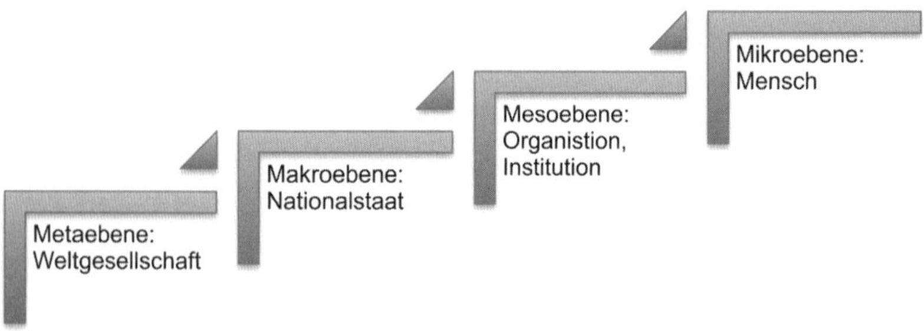

Abb. 3: Konsequenzen der Modernisierung

Auf der Metaebene der Weltordnung trifft uns die „Weltrisikogesellschaft" (Ulrich Beck) oft mit starker Kraft: Ökologi-

sche, ökonomische oder militärische Katastrophen kennen keine nationalstaatlichen Grenzen und dehnen sich in die Fläche der Welt aus. Umweltverschmutzung, globale atomare Gefahren, wachsendes Armutsrisiko, drohende Verteilungs- und Kulturkämpfe und Krankheitserreger, die durch die gestiegene Reisetätigkeit weltweit verbreitet werden (SARS, Ebola u. a.), bilden die Folie für diese Weltrisikogesellschaft, in der die Bedrohungen durch nationalstaatliche Grenzen nur noch schwerlich aufgehalten werden können.
Auf der Makroebene der Nationalstaaten zeigt sich die Schwächung nationalstaatlicher Souveränität, da (multinationale) Konzerne über Standort-, Steuer- und Subventionsdruck auf die Nationalstaaten einwirken. Diese werden zur Deregulierung des Marktes (Neoliberalismus) und zum Abbau sozialer Sicherungssysteme gezwungen.
Auf der Mesoebene der einzelnen Organisation – also den Kontexten, in denen wir leben und arbeiten – zeigt sich, dass diese unter erhöhtem Konkurrenzdruck steht: Zeit und Wissen sind die wesentlichen Wettbewerbsvorteile. Und diese sollen durch einen gesteigerten Effektivitäts- und Effizienzdruck verteidigt werden. Systeme der permanenten Rechenschaftslegung werden implementiert, um das „Bestmögliche", „Bestschnellste" aus den Mitarbeitern rauszupressen. Wohin man auch sieht – überall ähnliche Instrumente: Evaluation, Akkreditierung, Bildungsstandards, Schulinspektionen, Qualitätsentwicklung, Entgrenzung der Einstellungsbedingungen durch Internationalisierung: Als ich vor zehn Jahren an die Universität kam, war ich an Berufungsverfahren für andere Professoren beteiligt. Die Stellen wurden in der ZEIT ausgeschrieben, es trudelten innerhalb von vier Wochen Dutzende, manchmal mehr als hundert Bewerbungen auf eine Professur ein und nach und nach wurde von der Berufungskommission ausgesiebt – bis die Spitzenbewerber übrigblieben, die dann zum „Vorsingen" – dem Probevortrag – eingeladen wurden.

Heute, zehn Jahre später, trudeln oft Bewerbungen aus ganz Europa ein. Und es gibt kaum ein Verfahren ohne mindestens auch ein oder zwei Bewerber/innen aus den USA, Kanada oder Asien. Die Entgrenzung der Bewerbungsmärkte hat auch im akademischen Bewerbungsmarkt zur Internationalisierung geführt. Und das verschärft die Konkurrenzsituation noch weiter. Da können wir nur hoffen, dass diejenigen Zukunftsprognosen Recht behalten, welche auf den demographischen Wandel, die geburtenschwachen Jahrgänge und den folgenden Fachkräftemangel verweisen, sodass sich die Situation für qualifizierte Bewerber in den nächsten Jahrzehnten entspannen wird. Was allerdings nur gilt, wenn wir den Fachkräftemangel nicht durch Zuwanderung ausgleichen können – was wiederum schlecht für die Alterssicherung wäre. Und so weiter und so weiter...

Die derzeitige Situation wäre ja auch kaum tragisch, wenn da nicht die Folgen auf der Mikroebene wären: für den Menschen. Der Einzelne hat in diesem überhitzten Arbeits- und Bildungssystem die Aufgabe übernommen, zum wichtigsten Produktionsfaktor zu werden („Humankapital!"). Und daher müssen sie schnell und schlau sein, die Kinder, Jugendlichen, Studierenden und Arbeitnehmer/innen. Schnell und schlau müssen sie sein. Und flexibel natürlich. Der schnelle und schlaue und „flexible Mensch" (Richard Sennet) passt sich den jeweiligen Gegebenheiten an, wechselt seinen Wohnort permanent, weil er dem Studienplatz, dem Auslandssemester, dem Arbeitsplatz hinterherzieht, verliert immer wieder seine sozialen Beziehungen auf dem heute viel zu langen Weg.

Es kommt zu fragmentierten Erwerbs- und Lebensbiographien. Und letztendlich verändert uns dieses schnelle Leben: Der Egoismus wächst, die sozialen Beziehungen wandeln sich von der Personen- zur Sachorientierung, wir stehen unter steigendem Selbstvermarktungsdruck und immer häufiger finden sich Brüche im Ego. Der starke Wettbewerbsdruck, unter dem

Nationalstaaten und Organisationen stehen, schlägt also bis auf die Ebene des einzelnen Menschen durch und kann dessen Persönlichkeit u. U. deformieren beziehungsweise diese sich nicht zur vollen (adulten) Reife ausformen lassen.
Es kommt noch schlimmer: Der massive Anstieg von Burnout- und Depressionsraten sowie Verhaltens- und emotionalen Störungen bei Kindern und Jugendlichen, soziale Gewalt- und Exklusionserfahrungen u. A. zeichnen ein deutliches Bild. Lehrpersonen nennen Motivations- und Disziplinprobleme als wichtigste Probleme der Schule. Und es kann begründet angenommen werden, dass diese Probleme auch in den Hochschulbereich durchschlagen: 7% aller Studierenden leiden unter studienbeeinträchtigenden Erkrankungen, wobei hier, so eine aktuelle Studie des Hochschulinformationssystems (HIS), die psychischen Erkrankungen mit 42 % den höchsten Anteil stellen. Zentral sind Depressionen, Selbstwertstörungen und Ängste.
Halten wir also fest: Wir leben in einer gehetzten Zeit, die strukturelle und psychosoziale Implikationen birgt, welche dazu verleitet, unsere Motivation, und Emotion auf mannigfache Weise negativ zu beeinträchtigen. Das macht es manchmal so schwer, motiviert zu sein, denn Motivation wächst nur ohne Gehetze, ohne Hochdruck.

TIPP

Motivation wächst in unseren offenen, hoffnungsstarken Momenten und geht gen Null, wenn wir schlecht drauf sind. Deshalb sollten wir zuallererst darauf achten, dass es uns gut geht; ansonsten wird es schwer, uns zu motivieren. Wir sollten daher die Elemente in uns selbst und unserem Umfeld stärken, die uns helfen, kognitiv, emotional und psychosozial „aufzublühen" (flourish).

Und wie das geht, zeigen uns die Erkenntnisse der Positiven Psychologie.

2.2 Flourish – oder wie wir aufblühen

Der US-amerikanische Psychologe Martin Seligman gilt als einer der Urväter der Positiven Psychologie. Weltberühmt wurde er zunächst als derjenige, der Hunde mit grausamen Elektroschocks traktierte. Er sperrte sie in einen Käfig, ließ kurz ein Licht aufleuchten und verpasste ihnen anschließend einen Elektroschock. Die meisten Hunde waren so schlau, das Abfolgesystem ganz schnell zu lernen und sprangen aus dem Käfig, wann immer das Lichtsignal kam. In einer zweiten Versuchsphase verschloss Seligman nun den Käfig, sendete das Leuchtsignal und anschließend den Elektroschock. Die Hunde sprangen zunächst einige Male gegen den Deckel, dann immer mal wieder, und blieben schließlich einfach stehen und erwarten zitternd den Elektroshock – in der Gewissheit, hier nicht raus zu kommen. In der dritten und letzten Versuchsphase schließlich öffnete Seligman den Käfigdeckel wieder, sendete das Lichtsignal und anschließend, wie immer, den Elektroschock. Was passierte jetzt? Viele Hunde blieben einfach in der Box stehen, obwohl sie nun hätten rausspringen – dem Schmerz entfliehen – können. Dieses Ergebnis war spektakulär und ging um die Forscherwelt. Seligman gab dem Phänomen einen bemerkenswerten Namen: Es heißt „erlernte Hilflosigkeit“. Die Hunde hatten gelernt, dass sie hilflos sind. Und auch als sie es nicht mehr waren, blieben sie es.
Politisch korrekt und tierlieb müsste ich mich nun angesichts unserer drei Huskymischlinge aus verschiedenen Tierheimen hier zunächst mal über die Grausamkeit dieser Versuche auslassen. Aber das brächte uns auf einen ganz anderen Weg.

Halten wir einfach fest, die Versuche waren grausam, führten uns aber freilich zu einem unglaublich spannenden Befund: In dutzenden von Folgestudien, auch an Menschen, wurde gezeigt, dass es tatsächlich so ist, *dass Menschen und Tiere hilflos werden, wenn sie stark dominiert – also in ihren Handlungsmöglichkeiten eingeschränkt – werden*. Und diese erlernte Hilflosigkeit führt geradewegs in die Depression, wenn dieser Zustand dominant genug und lange genug aufrecht erhalten wird.

Lebst du also mit rigiden Menschen in der WG zusammen, hast du einen Partner oder eine Partnerin, die über dich bestimmt (oder das versucht), lebst du bei deinen Eltern und dein Vater oder deine Mutter (oder beide) kontrollieren dich permanent? Wer sich in solchen Bedingungen einrichtet, braucht sich über seine Passivität nicht zu wundern, denn, und jetzt kommt's: Erlernte Hilflosigkeit und besonders deren Folgeerkrankung Depression sind energiearme Zustände. Das Gegenteil von Motivation sozusagen.

Doch kommen wir zu Seligman zurück. Auch für diese Forschungsleistung wurde er Ende der Achtziger zum Präsidenten der Amerikanischen Gesellschaft für Psychologie gewählt und rief in einer schmissigen Antrittsrede eine neue Ära aus: Er erzählte, er habe sich nun über 30 Jahre mit Hilflosigkeit, Depression, Ängsten usw. beschäftigt. Und die Psychologie befasse sich eigentlich permanent mit diesen oder ähnlichen psychischen Problemen. Es ginge also ständig darum, wie Menschen aus dem Zustand des -5 wieder zurück auf 0 gebracht werden könnten – also eine defizitäre Forschungsperspektive. Nun aber solle sich die Psychologie doch auch einer anderen Frage zuwenden: Wie schafft man es, dass Menschen kognitiv, emotional und psychosozial „aufblühen"? Sich also glücklich fühlen, es ihnen wohl ergeht? Was also brauchen Menschen dazu, um sich optimal zu entwickeln? Wie also kommen Menschen von 0 auf +5?

Seither widmen sich weltweit zahlreiche Forscher der Wohlbefindensfrage. Und das hat nichts mit Glaskristallen, Räucherkerzen, Feng Shui oder sonst was Esoterischem zu tun. Es geht um empirische Forschung – also Zahlen und Daten. Und tatsächlich konnten innerhalb des letzten Jahrzehnts fünf Elemente isoliert werden, von denen das Wohlbefinden der Menschen abhängt:

Abb. 4: Elemente des Wohlbefindens

1. Positive Emotionen: Es ist so simpel, aber doch eindeutig: Menschen mit vielen positiven Emotionen haben ein höheres Maß an Wohlbefinden als Menschen mit neutralen oder negativen Emotionen. Hoffnung, Dankbarkeit, Zuversicht, Optimismus, Freude, Vorfreude, Liebe, Leidenschaft – all das macht glücklich.

2. Engagement/Motivation: Menschen, die motiviert sind und sich für etwas engagieren, sind wohlbefindlicher als gelangweilte Unmotivierte.
3. Sinn: Empfinden wir es als sinnvoll, was wir tun, fühlen wir uns wesentlich wohler.
4. Positive Beziehungen: Haben wir in unserem Leben einige (wenn auch wenige) Menschen, die uns beistehen, uns zusprechen, warmherzig, liebevoll und stärkend sind, geht es uns besser.
5. Erfolgreich sein, wirksam sein: Erreichen wir unsere Ziele, sind wir also erfolgreich mit dem, was wir tun, blühen wir auf.

Und hier sehen wir nun, wie sehr all diese Elemente voneinander abhängen. Sind wir hoffnungsvoll, froh und glücklich, sind wir motivierter. Die Motivation entscheidet wiederum über die anderen Elemente: Sind wir motiviert, haben wir frohe, dankbare, freundliche, sozialverträgliche Gefühle, gehen auf andere zu, verwirklichen erfolgreich unsere Ziele, empfinden es stärker als sinnvoll, was wir tun. *Unsere Motivation, gepaart mit positiven Gefühlen, setzt eine ungeheure Kraft für ein glückliches Leben frei*.

TIPP

Versuche in deinem Leben ein möglichst hohes Maß zu erreichen an positiven Emotionen, Engagement und Motivation, positiven Beziehungen, Sinnhaftigkeitsgefühlen und Wirksamkeit. Oder schlicht: Sei positiv, voll Power, sozialverträglich, sinnhaft und wirksam!

2.3 Steuerungszentrale Psyche: Da entscheidet es sich

Und wo sitzt nun diese positive Kraft, die uns lebendig, froh und leistungsstark macht? In der Psyche mit ihren drei Funktionen Kognition, Emotion und Motivation.

Kognition beschreibt alle mentalen – also geistigen – Prozesse eines Lebewesens, wie z.B. wahrnehmen, denken, lernen, erinnern, sich etwas vorstellen, phantasieren, beobachten, bewerten oder planen. Es sind also alle unbewussten oder bewussten geistigen Vorgängen. Das Lernen selbst ist daher eine kognitive Leistung.

Emotion wurde lange als das Gegenstück zur Kognition verstanden und umfasst alltagssprachlich alles, was gefühlt wird. Heute wissen wir aber, dass z.B. Angst, Ärger, Liebe oder Lernlust erst durch kognitive Prozesse entstehen. Das ist spannend. Dazu später mehr.

Motivation ist (hier noch mal kurz) die Kraft, die ein zielorientiertes Verhalten auslöst, ändert oder aufrecht hält.

Psychisch ist demnach alles, was wir denken, fühlen oder wollen, wobei in diesem Triumvirat den Emotionen eine so zentrale Rolle zugewiesen wird, dass der Emotionspsychologe Lazarus beispielsweise vermutet, erst die Verarbeitung unserer vielschichtigen Gefühle habe zu unserem enorm leistungsfähigen Gehirn geführt (Lazarus 1991). Auch in der neueren Forschung deutet alles darauf hin, dass unsere Emotionen der wichtigste Motor unseres Handelns sind. Die positiven oder eben negativen Gefühle sorgen dafür, dass wir wie im Rausch an der Lösung einer Studienaufgabe arbeiten, oder die Sache in die Ecke schmeißen. Wollen wir motiviert sein, müssen wir also unsere Emotionen verstehen und im entscheidenden Moment steuern können (Willenskraft, vgl. Kap 4).

2.4 Gut drauf: Emotionen

Unsere Gefühlswelt ist bunt: Da treffen sich Stimmungen mit Emotionen, Gefühlen und Affekten. Und manchmal sogar gleichzeitig :-).

- Stimmung: Heute bin ich gut drauf, schlecht drauf, mittel ... Damit beschreiben wir unsere Stimmung. Einen diffusen Gefühlszustand, der längere Zeit andauert. Oft wissen wir nicht so recht, woher diese Stimmung kommt, weil sie keinen besonderen Auslöser braucht und auch nicht auf irgendwas oder – irgendwen fixiert ist. Sie braucht also kein Objekt und keinen Fokus. Die Stimmung ist also eine immer vorhandene Alltagsemotion auf niedrigem Level. Man fühlt sich einfach so gut, schlecht, angenehm gestimmt oder eben unangenehm. Es ist wie ein nicht besonders intensives, aber immerwährendes „emotionales Grundrauschen" im Inneren. Manche Forscher nehmen an, dass es sich dabei um eine emotionale Disposition im Sinne einer Persönlichkeitseigenschaft („trait") handelt. Demnach wäre dann eine positive, negative oder eben durchschnittliche Grundstimmung relativ stabil. Einer ist „gut drauf", „schlecht drauf".
- Affekt: Das Gegenstück zur Stimmung sind die kurzen, heftigen und intensiv empfundenen Emotionen – die Affekte –, die sich jeglicher Handlungskontrolle entzieht (z.B. im Wutausbruch). Menschen im Affektausbruch können also überhaupt nicht mehr denken, geschweige denn lernen.
- Emotion: Neben der Stimmung und dem Affekt gibt es aber noch eine dritte Gefühlskategorie, die für unser Thema besonders wichtig ist: Über dem Grundrauschen der Stimmung erheben sich die Emotionen (2), z.B. Wut, Angst, Ärger, Liebe, Freude, Ekel, Langeweile u.a. Emotionen sind oft stärker und kürzer als die Stimmungen und weniger heftig als Affekte – und haben oft einen starken Objektbe-

zug – sie beziehen sich auf etwas oder jemand. Wir sind happy, weil wir den Gesetzestext verstanden, das Kapitel der Hausarbeit geschrieben haben oder Julia heute Abend vorbei kommt!

Das heißt also, Emotionen sind Gefühle? Nein, nur in der Alltagssprache wird das gleich gesetzt. Und jetzt wird's richtig wichtig: Alltagssprachlich meint Emotion und Gefühl (3) das Gleiche, wissenschaftstheoretisch nicht: Gefühle sind da nur eine Komponente der Emotion. Wie also entsteht zum Beispiel das Gefühl, „keine Lust zum Lernen" zu haben?
Nehmen wir dazu ein Beispiel aus dem Geschichtsstudium: Ein Student hat in seinem Laptoprucksack die Kopie eines mittelalterlichen Quellentextes über die Stadtgründung von Posemuckel aus dem Jahr 1182. Bis zum Semesterende soll er darüber eine Hausarbeit schreiben. Er denkt an die Hausarbeit: Langweiliges Thema! (a). Sein Herz schlägt langsamer, der Blutdruck sinkt (b), die Augenlider fallen fast zu, die Augenbrauen fallen nach unten (Langeweile-Mimik, c) er fühlt Langeweile und Müdigkeit (d) und schlurft Richtung Kanapee statt Schreibtisch (e). Im Halbschlaf fragt er sich noch kurz: Warum bin ich eigentlich immer so müde...?

Welche Komponenten haben wir also, wenn solche oder andere Emotionen entstehen?

a) zunächst denkt er, dass die Hausarbeit langweilig sei. Es ist die Einschätzung, Bewertung einer Situation: Das ist gut für mich/uns, gefährlich, langweilig, herrlich, entspricht meinen Wünschen, Sehnsüchten... (kognitive Komponente).
b) Und je nachdem, wie diese Bewertung ausfällt, löst sie oft physiologische Veränderungen aus: Herzfrequenz, Blutdruck, Erröten, Erblassen (physiologische Komponente).
c) Danach verändert sich die Mimik, Gestik, Stimmlage und Körperhaltung (Ausdruckskomponente).

d) und dieses geht mit einer Empfindung, einem Gefühl einher; mit Angst, Müdigkeit, Freude, Trauer u.a. (Erlebniskomponente).
e) welches schließlich zu einem bestimmten Verhalten motiviert: Flucht, Angriff, Annäherung u.a. Hier flieht er vor der Hausarbeit aufs Sofa (motivationale Komponente).

Das Gefühl (d) ist also nur ein Teilbereich der Emotion. Der Rest ist einschätzen, denken, Physiologie... Emotionen können so funktional als Anpassungs-Unterstützer verstanden werden: Sie helfen, in einer spezifischen Situation ein hilfreiches Verhalten zu zeigen (Flucht, Annäherung, Lachen u.a.). Welches Verhalten gezeigt wird, hängt davon ab, wie wir die jeweilige Situation deuten – Emotion entsteht durch denken (!). Wir schaffen unsere Gefühle selbst, indem wir Situationen deuten. Verlässt uns unser langjähriger Lebenspartner oder die langjährige Lebenspartnerin, können wir das als riesen Verlust deuten und annehmen, nie wieder so glücklich zu sein, oder wir können einfach froh sein, dass der oder die Alte endlich weg ist und wir wieder frei tun können, was wir wollen – und je nach unserer Interpretation fühlen wir uns entsprechend mies oder gut.
Aber zurück zu unserem Geschichtsstudenten. Er ist müde, weil er die Hausarbeit so bewertet, dass dieses Gefühl entsteht:

- Der Text ist langweilig, oder die Hausarbeit viel zu schwer: Langeweile, Müdigkeit.
- Der Text ist super spannend, ich übersetze ihn jetzt Wort für Wort, die Hausarbeit ist mein Bootcamp, um schlau, berühmt und sexy zu werden ;-), ich schreibe einen genialen Text! – gut drauf, Blutdruck steigt, motiviert.

Also hier noch mal ganz deutlich: *Wir machen unsere Gefühle selbst, indem wir etwas positiv oder negativ bewerten*: Die

Vorlesung, Hausarbeit, Formel, Freundin, Praktikumssuche, der Freund, Gesetzestext, Klausurtermin, Seminarbericht, das Portfolio, Quellenstudium, rechnen, recherchieren, lesen, exzerpieren können langweilig oder anstrengend sein, oder eben spannend, herausfordernd, persönlichkeitsentwickelnd, professionelles Wachstum fördernd, anregend, wunderbar! Und je nach der Bewertung sind sie es dann auch.

TIPP

Achte auf deine inneren Bewertungen: Versuche an deinen Hausarbeitsthemen, deiner Bachelorarbeit, Masterarbeit, deinen Seminarpräsentationen, Fachtexten usw. das zu finden, was daran spannend, herausfordernd, persönlichkeitsentwickelnd, professionelles Wachstum fördernd, cool, anregend oder eben richtig geil ist. Was ist das Besondere daran? Diese Neubewertung ist Teil dessen, was als Emotionsarbeit bezeichnet wird, da sich durch die neue Bewertung die Gefühle ändern.

2.5 Wann Bodybuilder kraftvoll häkeln

Der anglo-amerikanische Psychologe Todd Kashdan schildert diesbezüglich ein spannendes Experiment: Menschen sollten Dinge tun, die sie ausdrücklich ablehnten (Kashdan 2010, S. 80 f.). Ein Heavy-Metal-Fan klassische Musik hören, ein Sportmuffel Nordic Walking üben. Normalerweise würden beide wohl danach sagen, das sei blöd gewesen oder langweilig. Aber diesmal gab es zwei simple Vorgaben: Die Menschen sollten die neuen Aktivität sehr aufmerksam tun und während der Tätigkeit mindestens drei besondere, als völlig neu erlebte Beobachtungen an der Tätigkeit finden. Die Aufmerksam-

keit wurde also darauf fokussiert und der Gedanke vermittelt, dass an dieser Tätigkeit irgendetwas besonders sei (positive Interpretation der Tätigkeit).
Kashdan schildert das Beispiel eines 18-jährigen Bodybuilders, der einen Häkelkurs besuchte. Nach 90 Minuten häkeln notiert er:

- Häkeln ist anstrengend für die Finger.
- Die Zeit vergeht schnell.
- Wenn man die Maschen eng genug setzt, kann man Flipflops häkeln. (diese Sandalen mit Zehenriemen, die Bodybuilder manchmal anziehen). Und das tat er dann auch.

Dass die Zeit beim Häkeln so schnell vergangen ist, deutet darauf hin, dass der Bodybuilder sich wirklich ganz auf das Häkeln eingelassen hat und dadurch wahrscheinlich in den leicht rauschähnlichen Flow-Zustand gekommen ist – doch dazu später mehr. Interessant ist auch, dass die Teilnehmer/innen des Experiments bei einer zweiten Befragung Wochen später angaben, dass sie auch nach dem Experiment noch öfter klassischen Musik gehört, Nordic Walking geübt und gehäkelt hätten usw., ohne dass sie dazu aufgefordert worden waren.
Ein Fenster der Gelegenheit hatte sich für eine Reihe von Teilnehmer/innen geöffnet, kommentiert Kashdan, das nicht nur vorher nicht existiert hatte, sondern welches künstlich verriegelt, durch ihre voreingenommenen Meinungen abgeriegelt war. Aus eigenem Antrieb hätten sie das nie getan. Sie waren zu closed-minded. Zu engstirnig. Zu vorurteilsbeladen. Und das Gleiche gilt zum Beispiel auch für das Lernen. Lernen ist anstrengend? Doof? Besser: Ich studiere jetzt diesen oder jenen Text mit ganz intensiver Vertiefung und finde drei spannende Gedanken, während ich ihn bearbeite! Oder ich schreibe den nächsten Absatz für meine Hausarbeit jetzt total fokussiert und freue mich an jedem geschriebenen Wort, an

jedem Absatz und konzentriere mich ganz genau darauf, wie mein Text Buchstabe für Buchstabe, Wort für Wort, Zeile für Zeile wächst!
Dieses kleine Experiment sagt so viel über unsere Motivation: Die Probanden hatten die Chance wahrgenommen, etwas zu probieren, was sie zuvor abgelehnt hatten, sie sind das Risiko eingegangen, sich zu langweilen oder total überfordert zu sein. Sie haben ihre Komfortzone verlassen und haben in der Mehrheit der Fälle bemerkt, dass ihnen die neue Tätigkeit Spaß gemacht hat. Und das wissen wir inzwischen aus zahlreichen empirischen Studien: Es gibt einen engen Zusammenhang zwischen Chancenwahrnehmung, Risikofreude, Motivation und Glücksgefühl. Er liegt in der offenen, wachen Bewusstseinslage. Im offenen, wachen, aktiven Bewusstsein – im open-mind-set. Es geht also darum, open-minded zu sein.

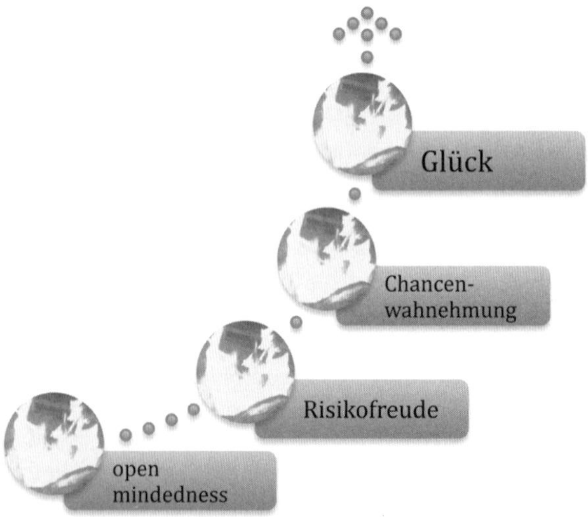

Abb. 5: Zusammenhang von Offenheit, Risikofreude und Glück

Offene Menschen sehen eine Chance, nehmen sie wahr, gehen dabei Risiken ein und sind dadurch *motivierter und glücklicher*. Nehmen wir mal ein simples Beispiel: Ein Studierender ist frisch immatrikuliert und sucht in der Studienstadt ein Zimmer. Er steht im Supermarkt an der Kasse in der Schlange und denkt über Strategien nach, ein Zimmer zu finden. Während er nach den Kaugummis greift, sieht er hinter sich in der Schlange eine ältere Frau, die ihn kurz anlächelt. Nun kann er sich wieder nach vorne drehen und weiter da gelangweilt rumstehen, oder eben mit der Frau ins Gespräch kommen. Vielleicht erzählt er ihr dabei, dass er gerade mit dem Studium begonnen habe und hier in der Gegend ein Zimmer suche. Und vielleicht fällt ihr die alte Nachbarin ein, die ein/zwei freie Zimmer hat usw. Was für ein Glück! Aber es ist kein Zufallsglück, es ist das Glück, das Menschen haben, die ihre Chancen wahrnehmen, die offen sind für das, was sie gerade tun; für Menschen, Gespräche, Text, Aufgabe... Es ist das Glück der neugierigen Vertiefer, der lebendig-weltoffenen activ-minder. Eine optimale Basis der Motivation.

2.6 Urkraft Motivation

Motivation ist die basale Kraft, die alles bewegt; ohne Motivation gäbe es diesen Laptop nicht, an dem ich gerade schreibe, es gäbe dieses Buch nicht, gar kein einziges Buch und nicht den Schreibtisch oder Sessel oder das Bett, in dem du gerade sitzt oder liegst. Ohne Motivation hätte niemals ein Mensch seine Höhle verlassen, um jagen zu gehen, es hätte niemand den Faustkeil erfunden und das Feuer bezwungen, Höhlenwände bemalt und Felder angelegt. Kein Mensch hätte je Vieh gezüchtet und Hütten gebaut. Niemand Kirchen und Kathedralen errichtet, Musikinstrumente erfunden und getrommelt, gefiedelt oder geflötet. Kein Ton Musik wäre jemals erklungen. Niemand hätte Symphonien und Kammermusik komponiert, den Buchdruck erfunden und für die Rechte der Menschen revolutioniert. Das Penicillin wäre nie gefunden worden. Dampfmaschinen und Heißluftballons, Rundfunkgeräte und Computer wären nie gebaut, Antibabypillen und das Internet nie erfunden, Bücher und Zeitungen nie geschrieben worden. Niemand würde einen anderen inniglich umarmen und küssen ohne Motivation. Kein Mensch, kein Tier würde sich bewegen, kein Ton erklingen, kein Wort gesagt. Die Welt wäre still. Die Welt wäre leer. Ohne diese Urkraft, die uns alle bewegt.

Denn *Motivation ist die aktivierende Ausrichtung des Lebens auf einen positiv bewerteten Zielzustand*. Motiviert ist also, wer ein Ziel hat, sich anstrengt, es zu erreichen und auch gegen Widerstände bei der Sache bleibt.

So ist Motivation die treibende Kraft, die uns auf Ideen bringt, uns die Energie gibt, Pläne zu schmieden und sie umzusetzen. Und nehmen wir die Grundbedürfnisse auch als Motiv, so ist es die bewegende Kraft von Mensch und Tier. Es ist, was uns bewegt. Es ist, was die belebte Welt bewegt. Es ist, was Erfindungen, Entwicklungen, Lebenswege prägt, Karrieren, Einfluss und soziale Bindungen schafft und jeden einzelnen von uns bewegt, vorwärts treibt und uns entfalten lässt.

Sie ist also eine wichtige Lebensenergie und grundlegend für den Lernerfolg. Da denken wir oft, einige Menschen wären so gut in dem was sie tun, weil sie besonders begabt seien. Aber das stimmt nicht. Menschen sind herausragend, weil sie motiviert sind, daher Ziele haben und diesen Tag für Tag näher kommen; dranbleiben und Experten werden für das, was sie sein wollen.

Und so finden wird für den Zusammenhang von Motivation und Leistung deutliche Belege: Das Fazit aus einer breit angelegten aktuellen Langzeitstudie der Universität München um Murayama und Pekrun ist eindeutig: Die über 3500 Schüler/innen zeigten im Fach Mathematik deutlich, dass *Motivation und Lernstrategie einen größeren Einfluss auf den langfristi-*

gen Lernerfolg eines Schülers haben als seine Intelligenz (vgl. Murayama/Pekun et al. 2013). Irgendwer fasste es in dem kernigen Satz zusammen: »Es ist nicht wichtig, wie intelligent du bist, sondern wie motiviert du bist und wie du lernst.«

2.7 Was uns antreibt

Wie motiviert du bist... Früher wurde eine unübersehbare Zahl von menschlichen Bedürfnissen angenommen. Heute nennt die Forschung diese Bedürfnisse „Motive" und je aktiver ein Motiv ist, desto höher die Motivation. Heute werden häufig nur noch drei Grundmotive unterschieden. Was treibt uns also an?

ÜBUNG

Bitte taxiere doch zunächst mal deine eigene Motivlage in Selbsteinschätzung zwischen Null und Zehn (0 = trifft gar nicht zu, 10 = trifft stark zu) und finde so heraus, was dich besonders motiviert.

Motive	**Hoffnung auf Erfolg**	**Skala (0-10)**	**Angst vor Misserfolg**	**Skala (0-10)**
Motiv A	Ich versuche ständig, meine eigenen Leistungen zu erhöhen.		Bei Misserfolg fühle ich mich sehr schlecht.	
	Herausforderungen spornen mich an.		Niedergeschlagenheit, Scham und/ oder Unzufriedenheit machen sich breit, wenn ich merke, dass ich einer Herausforderung nicht gewachsen bin.	

	Ich versuche ständig, eine Herausforde-rung um ihrer selbst Willen zu meistern.		Ich tue alles dafür, mich selbst nicht als inkompetent erleben zu müssen.	
	Ich habe Spaß an der Leistung und den damit verbundenen Gefühlen bei Erfolg.		-----------	------
	Hoffnung auf Erfolg motiviert mich stark.		-----------	------
	Ich will mich selbst als kompetent und wirksam erleben.		-----------	------
Motiv A insgesamt				
Motiv B	Ich versuche oft, zu anderen Menschen freundschaftliche Beziehungen aufzubauen.		Es macht mir Angst, von anderen zurückgewiesen zu werden.	
	Ich tue vieles dafür, mich selbst als sozial eingebunden, akzeptiert und wertgeschätzt zu fühlen.		Ich tue vieles dafür, von anderen nicht zurückgewiesen zu werden.	
	Ich baue oft Nähe und Bezogenheit zu anderen Menschen auf.		Ich fühle mich schlecht, wenn eine Gruppe mich ausschließt.	
	Meine freundschaftli-chen und partner-schaftlichen Beziehungen halte ich über lange Zeit aufrecht.		-----------	------

	Ich mag Beziehungen um ihrer selbst Willen und nicht, um sie für andere Zwecke zu instrumentalisieren.		-----------	
	Die engen Bindungen an den/die Partner/in, die Familie, Freunde und Kollegen vermittelt mir ein Gefühl der Sicherheit und Geborgenheit.		-----------	------
Motiv B insgesamt:				
Motiv C	Es macht mir Freude, andere zu beeinflussen (körperlich, kognitiv oder emotional).		Wenn ich den Eindruck habe, in einer Situation die Kontrolle zu verlieren, macht mir das Angst.	
	Ich mag es, die Möglichkeit zu haben, andere zu belohnen oder zu bestrafen.		Ich tue vieles dafür, um Kontrollverlust zu vermeiden.	
	Ich will besser sein, als andere – ich will gewinnen!		Machtlosigkeit ist mir ein Gräuel.	
	Ich bin meist bestrebt, die Kontrolle über Menschen und Situationen zu behalten.		-----------	------

	Die Vorstellung, in der Hierarchie aufzusteigen, motiviert mich.		-----------	------
	Ich behalte Informationen öfter für mich, um sie ggfs. später einsetzen zu können.		-----------	------
Motiv C insgesamt:				

Tab. 1: Selbsteinschätzung der Motivstärken

Den Einen spornt primär Leistung an (Motiv A), den anderen eher Bindung (Motiv B), den Dritten Macht (Motiv C). Und die jeweilige Präferenz bleibt über lange Zeiträume relativ stabil. Das Leistungsmotiv (A) ist dann aktiv, wenn wir die eigenen Leistungen erhöhen wollen; eine Herausforderung also meistern wollen – und zwar um der Herausforderung selbst willen – dem Spaß an der Leistung und den damit verbundenen Gefühlen bei Erfolg („Diese Klausur habe ich gut geschafft!" – Stolz, Zufriedenheit, Glück). Andererseits führt Misserfolg zu Niedergeschlagenheit, Scham und Unzufriedenheit. Also sind Leistungsmotivierte schlichtweg durch Hoffnung auf Erfolg und Furcht vor Misserfolg zu motivieren. Der Anreiz liegt darin, sich selbst als kompetent und wirksam zu erleben, oder im umgekehrten Fall sich selbst nicht als inkompetent erleben zu müssen, wenn man es schafft, den Misserfolg abzuwenden („Es sah nicht gut aus mit meiner Vorbereitung für die Klausur, aber in den letzten Wochen habe ich richtig reingehauen und habe es dann doch noch hingekriegt!").
Das Bindungsmotiv (B) ist ähnlich gestrickt. Allerdings geht es Bindungsmotivierten – also sozial anschlussmotivierten Menschen – primär darum, sich selbst als sozial eingebunden, akzeptiert und wertgeschätzt zu fühlen. Der Aufbau und die

Aufrechterhaltung von Nähe und Bezogenheit zu anderen Menschen ist hier zentral. Beziehungen werden um ihrer selbst Willen hergestellt und aufrecht erhalten und nicht, um sie für andere Zwecke zu instrumentalisieren. Die engen Bindungen an den/die Partner/in, die Familie, Freunde und Kollegen vermitteln ein Gefühl der Sicherheit und Geborgenheit – was wohl auch mit Blick auf die Evolution Sinn macht, denn in der Höhle lebte es sich schlecht alleine. Und auch angesichts des Säbelzahntigers kann es einem allein Angst und Bange werden. Ganz abgesehen davon, dass man zu zweit – oder dritt – eben in jeder Hinsicht mehr Spaß hat. Anschlussmotivierte hoffen und handeln in der Hoffnung auf ein gutes Gefühl sozialer Eingebundenheit („Ich werde gute Freunde im Studium finden!" „Später eröffnen wir zusammen eine Kanzlei!", „Wenn ich das Studium schaffe, werde ich bestimmt ein guter Lehrer und meine Schüler werden mich mögen!", „Für meine Mitarbeiter tue ich später alles!") oder aus Furcht, von anderen ggfs. zurückgewiesen zu werden und in der Hoffnung, diese Zurückweisung zu vermeiden („Ich muss da jetzt mithelfen, weil die Arbeitsgruppe sonst sauer ist.").
Das Machtmotiv (C) schließlich zielt darauf ab, andere zu beeinflussen, die Kontrolle zu behalten und in sozialen Hierarchien aufzusteigen. Master-of-the-Universe-of-Power-Ideen sozusagen. Und zwar geht es um körperliche, kognitive oder emotionale Beeinflussung. Machtmotivierte versuchen, die Quellen der Macht zu besetzen (Informationen, Belohnungs- und Bestrafungsmacht, Funktionsmacht, Vorbildmacht u.a.) und handeln durch die Hoffnung auf Kontrolle („Toll, dass ich gewonnen habe!") oder durch die zu vermeidende Furcht vor Kontrollverlust und Machtlosigkeit („Fast hätte der andere die HiWi-Stelle gekriegt, aber ich hab's noch vor ihm geschafft!"). Wettbewerb ist hier wichtig. Stark wollen sie sich fühlen. Einflussreich. Führen wollen, gewinnen wollen. Verläuft das Machtmotiv in gesitteten Bahnen, ist

alles okay und es kann auch wohltuend für das Umfeld sein, da sich der oder diejenige nachhaltig und selbstvergessen auch für Belange anderer nachdrücklich einsetzen kann, wehe aber, wenn nicht...

Halten wir also fest: *Menschen können durch Hoffnung auf ... oder Furcht vor ... motiviert werden*. Und diese Erkenntnis hat sich in allen möglichen Anwendungskontexten bewusst oder unbewusst durchgesetzt – in Unternehmen, Training, Unterricht, Weiterbildung, Hochschulen usw. („Wie meinen Sie das, Sie sind zwei Wochen hinter dem Zeitplan?", „Wenn Sie nach der Probezeit bleiben wollen ..." „Wenn Sie die Bachelor-Prüfung noch schaffen wollen ..." – alle drei Äußerungen appellieren an die Angst.). Soviel zu den Basics der Motivation.

Nun ist die Eigenmotivation einfacher: Wenn du etwas tun willst, verstärke einfach deine Gedanken auf den Erfolg und wie gut es sich anfühlen wird, wenn du die Klausur, die Hausarbeit, die Bachelor- oder Masterarbeit fertig hast und sie auch noch wirklich super geworden ist! Stelle dir ganz genau vor, wie sich dieser erfolgreiche Moment anfühlt, ob jemand etwas Wertschätzendes zu dir sagt, was du dann siehst... Denn die Motivation wächst besonders in unseren hoffnungsstarken Momenten. Um ehrlich zu sein: Gelegentlich hilft aber auch, sich daran zu erinnern, wie man sich fühlen und was man denken wird, wenn man nicht besonders erfolgreich sein würde. Allerdings sollten wir diese angstvollen Gedanken nicht zu weit treiben, denn dann verschwindet die Motivation klammheimlich...

Um motiviert zu studieren, wäre es natürlich wirkungsvoll, das Leistungsmotiv zu stärken. Aber auch die beiden anderen Motive können zur Leistung motivieren („Wenn ich mit dem tollen Klausurergebnis nach Hause komme...").

ÜBUNG

Bitte schreibe hier einige Gedanken auf, die dich stark motivieren. Hier ein Beispiel für das Leistungsmotiv (bei dir können es natürlich ganz andere Formulierungen sein):
Ich schreibe jetzt die beste Hausarbeit, die ich je geschrieben habe (Hoffnung auf Erfolg, Leistung).
Wenn ich jetzt nicht anfange zu lernen, werde ich eine sauschlechte Note haben. (Angst vor Misserfolg, Leistung).

Hoffnung auf Erfolg:

____

____

____

Angst vor Misserfolg:

____

____

____

Zusammenfassend kann man somit ganz klar sagen: Wer in seinem Leben das Wohlbefinden stärkt, also positive Gefühle, Engagement, positive Beziehungen, Sinnerleben und Wirksamkeit, stärkt sich selbst und seine Motivation. Auf dieser starken Basis ist Motivation kein Ziel.

KURZ UND KNAPP

Motivation ist eine offene, energievolle Bewusstseinslage: Motivation ist eine Lebensart. Es ist die offene, fokussiert-wache, leichte Lebensart, die den Kopf und das Herz öffnet und Energie weckt. Sie ist Neugier auf das Wissen der Welt.

3. Für etwas brennen

Um motiviert zu sein, ist es wichtig Klarheit darüber zu haben, wohin der eigene Weg führen soll. Herauszufinden, was man wirklich will, den Weg dahin zu planen und zu wissen, wie man seine Ziele erreicht, sind die wichtigsten Elemente der Motivationsstrategie.

3.1 Herausfinden, was du wirklich willst

Auch bei bindungs- oder machtmotivierter Präferenz sind Menschen leistungsorientiert, so die Forschungsergebnisse des Urvaters der Leistungsmotivation, des US-amerikanischen Psychologen Henry Murray (Murray 1938, S. 164). Er ging bereits 1938 davon aus, dass *alle Menschen* ein „need for achievement" haben – ein Bedürfnis nach Leistung. Gekoppelt ist dieses an das Bestreben, „etwas Schwieriges zu schaffen, physische Objekte, Menschen oder Ideen zu beherrschen, zu manipulieren oder zu organisieren und dieses so schnell und frei wie möglich zu tun; Hindernisse zu überwinden und einen hohen Standard zu erreichen. Sich selbst zu überflügeln, mit anderen zu wetteifern und sie zu übertreffen. Die Selbstachtung durch die erfolgreiche Ausübung seiner Talente zu steigern" (Murray 1938, S. 164).
Das „Schwierige", das „über sich Hinauswachsen", der „hohe Leistungsstandard" zeigen deutlich, dass wir unsere Leistungsergebnisse an einem inneren Gütemaßstab messen. Leistungsmotivation kann daher als die Energie verstanden

werden, die mobilisiert wird, um sich einem persönlichen Gütemaßstab zu nähern. Sie zeigt sich, wenn wir uns intensiv, andauernd und wiederholt anstrengen, um etwas Schwieriges zu erreichen (vgl. Murray 1938).
Dieses Spannungsverhältnis zwischen Gütemaßstab und IST-Zustand funktioniert wie die Spannung in einem gezogenen Gummiband: Die IST-Seite bildet den einen Pol (so ist es derzeit) – der Gütemaßstab bildet die Soll-Seite, also das Ziel (da will ich hin!). Erst die Vorstellung, ein Ziel zu verfolgen, setzt die Leistungsmotivation frei. Das ist so wichtig, dass es nochmal gesagt werden muss: Erst die Vorstellung, ein Ziel zu verfolgen, setzt die Leistungsmotivation frei!
Ob das Ziel angestrebt wird, und wie stark wir uns darum bemühen es zu erreichen, hängt tendenziell davon ab, ob das Ziel erreichbar scheint (Erwartung) und für wie wertvoll wir es erachten (Wert).

TIPP

Willst du dich also motivieren, mache Folgendes:

- Du brauchst ein Ziel: Das kann ein Lebensziel, berufliches Ziel, privates Ziel, Jahresziel, Wochenziel, Tagesziel, Stundenziel oder Ähnliches sein. Auf jeden Fall entsteht diese motivationale Spannung erst, wenn wir etwas erreichen – irgendwo hin – wollen. Daher hier einer der wichtigsten Hinweise aus diesem Band: Wenn du dich motivieren willst, überlege genau, welches Ziel du in welchem Zeitraum (z.B. heute) schaffen willst. Was genau willst du (heute) erreichen? Am besten schreibst du es dir in deinen (Tages-)Planer. Dieses Ziel sollte hoch, aber tendenziell erreichbar sein (drei Seiten für die Hausarbeit schreiben, dreißig Vokabeln lernen, zwei Kapitel exzerpieren – oder je nach deinem Gütemaßstab evtl. mehr oder weniger Seiten, Vokabeln, Kapitel...).

- Du solltest davon ausgehen, dass du dieses Ziel erreichen kannst und erreichen wirst. (Ich schreibe heute dieses eine Kapitel und ich schaffe das! Ich lerne heute dreißig Vokabeln und ich kann das! Ich schaffe diese Klausur! Ich kann das, und das gut!).
- Den Wert des Ziels solltest du möglichst hoch ansetzen. Werte das Ziel auf! Wie wirst du dich fühlen, wenn du dieses Ziel erfolgreich erreicht hast? Was werden Menschen, die dir nahestehen dann sagen? (Wenn ich diese Klausur geschafft habe, kann/weiß ich schon ziemlich viel in ... bin ich stolz auf mich ... oder: Ich schaffe meine Ziele und diese Seminararbeit finde ich super spannend! Ich werde mich erfolgreich fühlen, wenn ich das geschafft habe!).

Finde heraus, wofür du wirklich brennst, fokussiere dich darauf und lass dich nicht ablenken. Denn Ziele sind die Leitpunkte jeder Entwicklung. Eine Zeit lang habe ich in einer einsam gelegenen Wassermühle zwischen Feldern und Wäldern gewohnt (wissenschaftlich eine sehr fruchtbare Zeit!). Noch tiefer im Walde wohnte ein befreundetes Ehepaar. Ich besuchte sie öfter und manchmal kam ich nachmittags mit meinem Hund, Nike, vorbei und es wurde ein lauschiger Abend... Nachts musste ich dann durch den Wald nach Hause zurück. Zwar hatte ich Nike immer dabei, aber manchmal war es wirklich stockduster. Nur in der Ferne war ein kleines Licht zu erkennen. Es war die Außenlampe der Wassermühle, die Tag und Nacht brannte, weil der Strom für die Mühle von einem kleinen Wasserfall hinterm Haus erzeugt wurde und die Außenbeleuchtung am Generator hing. Das kleine Licht war das einzige, woran ich mich nachts orientieren konnte. So tasteten wir uns langsam durch den nächtlichen Wald. Klar war mir unheimlich, aber ich hatte ja Nike neben mir und diesen Fixpunkt am Haus. Das gab Halt.

So in etwa ist es auch mit den Lebenszielen, Tageszielen, Stundenzielen: Es lohnt sich nicht mal aufzubrechen, wenn du nicht weißt wohin. Zusammen mit Spiegel-TV und 3Sat führte ich vor einem halben Jahr ein Experiment mit einem Spiegel-Journalisten durch: Dieser wollte im Selbstversuch ausprobieren, wie es ist, eine Woche lang jeden Tag ins Büro zu kommen und sich dort extrem zu langweilen. Es ging um Boreout (das Gegenteil von Burnout: man langweilt sich zu Tode). Am zweiten Tag wurde dem Journalisten der Rechner weggenommen; Telefon, Schreibzeug usw. folgten in den nächsten Tagen. Derweil wurde er die ganze Zeit über im Büro gefilmt. Es war unglaublich: Schon am dritte Morgen sah er vollkommen erschlafft aus und nuschelte in die Kamera, dass es ihm total schwergefallen sei, aufzustehen, weil er ja wusste, dass er im Büro keine Aufgabe (also kein Arbeitsziel) haben würde. Sein Energie-Level ging im Laufe der Woche gen Null (vielleicht möchtest du dir das mal selber ansehen: Der Beitrag heißt „Tödliche Langeweile" und ist online bei 3Sat und YouTube zu finden (https://youtu.be/Bu7IXLkfnCQ).
Das *Ziel ist also die Wegführung und die Triebkraft*. Wohin willst du gehen? Das ist wohl die entscheidende Frage.

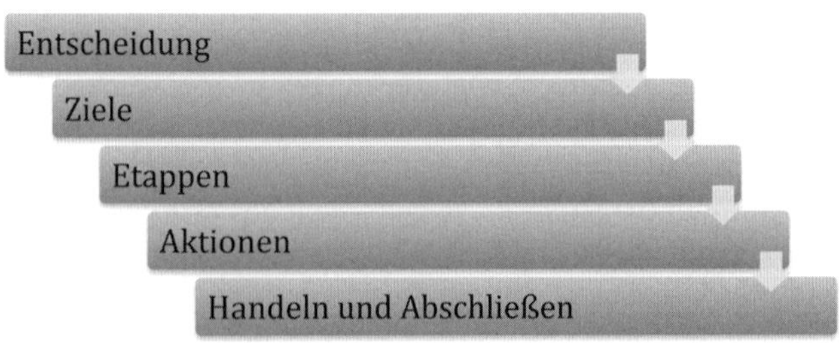

Abb. 6: Handlungsprozess zur Zielerreichung

Zu Beginn jedes Handlungsprozesses, so der große Motivationspsychologe Heckhausen, wägen wir verschiedene Handlungsalternativen ab. Soll ich nun das Kapitel für die Hausarbeit fertig schreiben, mit Julia in den Club gehen, ins Fitnessstudio oder DSDS gucken? In den vielen Möglichkeiten finden wir eine konkrete Handlungsabsicht – also ein Ziel: Ich schreibe heute das Kapitel fertig und werde dann total stolz und glücklich sein!

Wenn wir dieses konkrete Ziel gefunden haben, sind wir, energetisch gesehen, einen riesen Schritt weiter, denn in diesem Moment wird der „Rubikon" überschritten – die Entscheidung ist gefallen! Und so nennt Heckhausen sein Modell auch in Anlehnung an Caesars spektakuläre Rubikonüberschreitung das „Rubikon-Modell" (die Würfel sind gefallen!).

Durch die Entscheidung wird die Energie frei, die wir brauchen, um wirklich zu handeln. Das kennen viele aus Beziehungskrisen: Haben wir uns nach monatelangen Kämpfen in unserer Beziehung dazu entschieden, uns vom Partner oder der Partnerin zu trennen, und die Würfel sind endlich gefallen (Rubikon überschritten!), wirkt das oft wie ein Befreiungsschlag und die eigene Kraft kommt zurück. Die Quälerei vorher hat im Sinne Heckhausens bedeutet, an den Rändern des Rubikon zu stehen, auf das Wasser zu sehen und zu warten. Vielleicht war die Zeit noch nicht reif. Hat man sich aber erst mal entschieden, zu den friedlichen fields of gold auf der anderen Seite des Flusses zu wollen, fühlt man die Kraft in sich aufsteigen und findet seinen Weg dorthin.

Deshalb ist der erste Schritt zur Motivation immer mit der Entscheidung verbunden: Ich will Lehrer!/Jurist!/Betriebswirt!/Mathematiker! oder was auch immer! sein. Ich nehme jetzt drei Kilo ab! Ich lerne jetzt fließend Englisch sprechen! usw. *Egal was, Power gibt's erst nach dem Entschluss*. Und das Gleiche gilt eben genauso für die kleinen Tagesziele: Heute

schreibe ich das Kapitel für meine Hausarbeit. Das mache ich! Das mache ich jetzt! Ich schreibe jetzt!
Erst wenn wir uns klar für etwas entschieden haben, wird die Energie frei, um zu handeln. Daher ist es wichtig, am Anfang eines Prozesses eine unumstößliche Entscheidung zu fällen: Das und das mache ich heute! Entscheiden wir uns einfach öfter für das, was für unsere langfristige Entwicklung gut ist.

3.2 Ziele: wohin du willst

Es gibt einige Übungen, die sehr schlicht daher kommen, aber starke Impulse bieten, wenn wir uns wirklich auf sie einlassen. Wenn du möchtest, nimm doch jetzt den Rechner oder Schreibzeug und setzte dich in den nächsten Stunden mal ganz intensiv mit dem auseinander, was du willst – also mit deinen Zielen. Wenn du deine beruflichen und privaten Ziele kennst und deutlich vor Augen hast, wird diese starke Kraft frei, die es erleichtert, tagsüber wirklich danach zu leben und so Tag für Tag diesen Zielen näher zu kommen.
Diese Übungen haben mir vor Jahren geholfen, zu finden und zu werden, was ich sein wollte. Deshalb weiß ich genau, wie energetisierend und aktivierend sie sein können, wenn man sie ernsthaft – also intensiv – durchführt. Du solltest diese Übungen wirklich schriftlich machen, denn dadurch zwingst du dich, wirklich auszuformulieren, was du aus deinem Leben machen willst. Wir fangen visionär an und werden dann nach und nach anhand der Übungen konkreter. Bitte führe zunächst die drei Übungen nacheinander durch und dann werten wir sie im Anschluss aus.

ÜBUNG

1. Idealer Tag

In dieser Übung kannst du dich ganz loslassen und dein zukünftiges Ich erschaffen. Du kannst ruhig total visionär spinnen – es ist ja ausschließlich für dich persönlich. Stelle dir vor, du wachst in zehn Jahren morgens auf, und es ist ein idealer Tag. Es ist ein Arbeitstag in deinem Traumjob. Beschreibe möglichst den gesamten Tag vom Aufwachen bis zum Schlafengehen. Du wachst morgens auf: Wo bist du? In welchem Land? In einem Haus oder einer Wohnung – städtisch oder ländlich? Wie ist das Licht? Liegt jemand neben dir? Mann oder Frau (oder beides) ;-) ? Was siehst du? Sind da Gardinen oder Rollos, welche Farben, welche Geräusche, Gerüche usw.? Und was tust du nach dem Aufwachen? Was dann? Was machst du anschließend? Was und wie arbeitest du? Der Trick besteht darin, möglichst genau zu beschreiben, was dein idealer Tag ist. Je genauer du beschreibst (Farben, Einrichtung, Gardinen, Fahrzeuge, Landschaft), desto besser, denn es geht darum, eine innere Vision zu entwickeln. Setze dir keine Grenzen. Visioniere einfach los – den ganzen Tag entlang. Schreib einfach los.

ÜBUNG

2. Machen, können, haben
Bitte nimm dir eine Stoppuhr oder den Countdown in deinem Handy und stelle zwei Minuten ein. Du hast zwei Minuten Zeit, alles aufzuschreiben, was du in deinem Leben noch

- machen,
- können oder
- haben willst.

Was würdest du bereuen, nicht versucht, geschafft oder gehabt zu haben? Zwei Minuten Zeit. Los geht's.

ÜBUNG

3. Feuerbotschaft
Nehmen wir an, du hättest die Möglichkeit, einen bestmöglichen Satz über dich zu schreiben, der die nächsten Jahrhunderte überlebt. In einigen hundert oder vielleicht tausend Jahren sitzen die Menschen am Lagerfeuer (na ja), und es wird über dich gesprochen: „Ja, die/der (dein Name), die/der ..." Was soll da über dich gesprochen werden? Was wäre die für dich wichtigste und wertvollste Botschaft?

3.3 Vom Wunsch zum Ziel

Wenn du die Übungen gemacht hast, stehen jetzt auf den Blättern vor dir einige oder vielleicht auch viele Wünsche. Um diese zu Zielen zu formen, können sie nun expliziter werden:

- Unterstreiche doch bitte zunächst in allen drei Übungen die wichtigsten Wünsche. Was von alldem ist wichtig und willst du wirklich?

- Nun suche bitte aus den unterstrichenen Wünschen die fünf wichtigsten heraus.
- Und reduziere diese nun auf die wichtigsten drei. Dann auf zwei und dann schließlich auf einen zentralen Wunsch. Das bedeutet nicht, dass du die übrigen nicht erreichst, es geht hier einfach darum, zunächst ein Ziel in den Blick zu nehmen. Es geht an dieser Stelle nur darum, das Vorgehen exemplarisch zu zeigen.

Falls nun der eine, übriggebliebene Wunsch relativ abstrakt ist („glücklich sein"/"gesund sein"/ „reich sein" o.Ä.) zerlege bitte die Abstraktion in Spezifisches, Konkretes. Was brauchst du, um glücklich zu sein? Freunde? Wie viele? Und Gesundheit? Wie fit genau? Eine Familie? Wie viele Kinder? Ein guter Job? Was heißt „reich" genau, wie viel Geld ist das? Was heißt das genau? Und so weiter. Und nun nimm den wichtigsten konkreten Aspekt, um daran weiterzuarbeiten.
Nun machen wir aus dem Wunsch ein unmissverständliches Ziel, denn nur präzise Ziele setzen konkrete Bilder frei. Und diese wiederum sind so wichtig, um motiviert zu sein und zu bleiben. Dazu formulieren wir deinen zentralen Wunsch nun anhand folgender Ziel-Kriterien um:

Ziele sind:
- Schriftlich fixiert – weil so viel verbindlicher für das Selbst. Stell dir nur einfach mal ein Unternehmen vor, dessen Entwicklungsziele nur mündlich von Mitarbeiter zu Mitarbeiter kommuniziert werden.
- Selbstbestimmt erreichbar. Falls du so etwas geschrieben hast wie „Ich will mit Julia/Julius zusammen sein", dann kann es sein, dass Julia oder Julius vollkommen andere Pläne hat – es hängt nicht von dir ab, ob du dieses Ziel erreichst. Und deshalb ist es – nach dieser engen Definition – keins. Wenn du aber den Wunsch hast, einen Partner/

eine Partnerin zu haben, kannst du das sehr wohl als Ziel formulieren, denn es hängt stark von deinen Aktivitäten ab, ob du das Ziel erreichst. In diesem Fall kannst du ein Aktivitätsziel formulieren. Wie etwa: Ich spreche jeden Tag mindestens zwei fremde Männer/Frauen an. Im Jahr wären das dann über 700 neue Kontakte. In zwei Jahren über 1400 neue Menschen. Wenn da niemand dabei ist, würde mich das aber sehr wundern. Vielleicht brauchst du dann andere Hilfe – immer vorausgesetzt, du hast das auch wirklich gemacht.

- Klar und konkret: Es ist wichtig, möglichst genau zu wissen, was du willst. Klar und konkret ist ein Ziel, wenn du eine Schluss-Marke fixieren kannst. Du willst nicht einfach „reich sein“, sondern „xy Euro im Monat“ verdienen oder „xy auf dem Konto“ haben. Was genau ist es, was du willst?
- Messbar: Das geht mit letztgenanntem Kriterium Hand in Hand. Nicht einfach „abnehmen“, sondern „xy wiegen“; nicht einfach „einen super Studienabschluss haben“, sondern „mit der Note xy abschließen“.
- Ziele sind immer positiv formuliert, denn für Verneinungen haben wir keine inneren Bilder. „Nicht mehr rauchen“ beinhaltet rauchen, – für das „nicht“ gibt es kein Bild. „Rauchfrei“ ist schon besser oder „gesund, leistungsstark“ oder sowas.
- Terminiert: Bis wann genau willst du das Ziel erreichen? Datum und/oder Uhrzeiten sind die zeitlichen Marker.
- Realistisch aber herausfordernd: Falls du 24 bist und noch nie getanzt hast, ist es unwahrscheinlich, dass du irgendwann als Solotänzer/in im Covent Garden auf der Bühne stehst. Falls du nur ab und zu mal Fußball spielst, liegt die Europameisterschaft recht fern – obwohl Ziele wirklich sehr groß sein können. Falls du mit deiner Bachelorarbeit in Maschinenbau noch gar nicht angefangen hast, ist es

unwahrscheinlich, dass du sie in drei Tagen fertig hast. Falls du gerade am Anfang vom BWL-Studium stehst, ist es relativ unrealistisch, in einem Jahr ein international anerkannter Wirtschaftswissenschaftler sein zu wollen, der mit seinen innovativen Thesen das Wirtschaftssystem revolutioniert. Und da sind wir beim Hauptproblem der realistischen Zielplanung: *Ziele können riesengroß sein, wenn sie in zeitlicher Hinsicht realistisch sind*. Wir können uns vornehmen, die Bachelorarbeit zügig zu schreiben, aber nicht in drei Tagen, sondern in etwas mehr... Und dann schaffen wir das auch. Wenn du also sehr große Ziele hast – was ich auch richtig finde – dann wähle einfach einen längeren Zeitrahmen bis zur Zielerreichung. Innerhalb von einer Woche läuft niemand von Trier nach Moskau. Innerhalb eines Jahres kann fast jeder von Trier nach Moskau laufen: Knapp 2600 km in 365 Tagen = 7 km am Tag – kein Problem!

- Und hier das letzte Kriterium: Ziele sollten so formuliert sein, als hätten wir sie schon erreicht. Das stellt die Psyche darauf ein und fördert Visualisierungen. „Am 01.März 2020 bin ich/habe ich/kann ich/besitze ich ... was auch immer".

3.4 Wie du erreichst, was du willst

Nun formuliere bitte dein Ziel anhand der o.g. Kriterien. Du hast dann ein starkes, schriftlich formuliertes Ziel – eine Art Navigator und Energizer für deine Entscheidungen. Wenn es zum Beispiel dein Ziel ist, zu promovieren und die Dissertation innerhalb von zwei Jahren abzuschließen (durchaus möglich bei eng begrenzten Forschungsthemen und kleineren Stichprobengrößen) und du hast das als Ziel fest geschrieben, über deinem Schreibtisch aufgehängt und als Tagesziel in deinem Handytracker (z.B. Wunderlist oder Way of Life) eingegeben, dann ist es leichter, den prokrastinativen Versuchungen zu widerstehen. Gut funktioniert, mit sich selbst eine Wette einzugehen: „Ich gehe nicht eher ins Bett (in den Club oder was auch immer), bevor ich einen Absatz geschrieben habe".

Etappen planen

Und jetzt kommt der ultimative Plan zur Zielerreichung: Zerlege das Ziel in Meilensteine und den ersten Meilenstein in Aktionen.

- Zerlege das aufgeschriebene Ziel in Etappen. Die Bachelorarbeit oder Dissertation ist das große, oft erdrückende Ziel. Selbst die 20seitige Hausarbeit kann blockierend wirken. Wenn das so ist, zerlege die anstehende Arbeit in einzelne Meilensteine, z.B.:

1. Einlesen in das Thema (Lexika, grundlegende Forschungsbefunde)
2. Formulieren der genauen Fragestellung
3. Vorläufige Gliederung erstellen
4. Exzerpieren der wichtigen Literatur zu den einzelnen Kapiteln. Exzerptausschnitte werden in die jeweiligen Kapitel reinkopiert (Literaturhinweise nicht vergessen mit zu übernehmen!)
5. Erarbeitung einer stringenten Struktur zum ersten Kapitel.
6. Ausarbeitung des ersten Kapitels
7. Ausarbeitung des zweiten Kapitels usw.
8. Überarbeitung der gesamten Arbeit
9. Schreiben der Einleitung
10. Erstellen des Literaturverzeichnisses und des Deckblatts
11. Ausdruck und Bindung
12. Abgabe

Passe diesen Ablauf entsprechend deinem Thema und deiner Arbeitsweise an.

Aktionen planen

Nachdem du die Meilensteine aufgeschrieben hast, beginnst du mit der Planung der Aktionen bis zum ersten Meilenstein. Alle zwölf Schritte schon zu planen ist erdrückend und außerdem ändert sich die Planung unterwegs auch zu oft – das System würde zu starr werden.
Welche Aktionen musst du also unternehmen, wenn du die erste Etappe schaffen willst?

Die erste Etappe reicht bis zum Ende des Einlesens in das Thema. Die geplanten Aktionen könnten sein:

- In dieser Woche recherchiere ich die Grundlagenliteratur in der Bibliothek.
    a. Ich wälze dazu zunächst die einschlägigen Fachlexika und lese die Beiträge (Montag).
    b. Anschließend besorge ich mir die dort genannten Grundlagenbeiträge (Dienstag).
    c. Dann arbeite mich in das Thema ein (Mitwoch-Freitag).
- In den nächsten zwei Wochen exzerpiere ich die zehn wichtigsten Grundlagen-Artikel.
- Usw.

Und dieses erste Ziel trage dann in den Tagesplan, die To-do-Liste für Montag ein – und auch wenn da noch anderes stehen mag, dieses erste kleine Ziel ist das wichtigste Ziel des Tages. Also planen wir nur für die erste Etappe die Aktivitäten. Und diese Aktivitäten stehen auf der jeweiligen Tagesagenda. Und wenn du diese Aktivität erledigt hast, trägst du für den nächsten Tag die nächste Aktivität für die erste Etappe ein.
Wenn du den ersten Meilenstein nun durch Aktionen erreicht hast, gehst du die zweite Etappe in gleicher Weise an. Denke nicht mehr an die ganze Hausarbeit, Bachelor- Master- oder

Doktorarbeit, sondern einfach nur an den nächsten Schritt, zum Beispiel an die nächsten zwei Seiten: „Ich habe nun drei Artikel zu Heckhausens Rubikon-Modell gelesen und exzerpiert – kann ich heute zwei Seiten zu seinen Grundannahmen schreiben?" („Ja! Das kann ich!").
Eine gute Idee ist es, ab Schritt sechs dann die Gliederung der Arbeit zur Grundlage der Etappenplanung zu machen. So wird jedes kleine Unterkapitel zu einem bewältigbaren Ziel. Und wenn du die zwei Seiten über Heckhausens Annahmen oder sonst was geschrieben hast, kannst du dich selbst belohnen, indem du einen roten Punkt hinter den Gliederungspunkt klebst. Wichtig ist hier nur, dass die Gliederung kleinschrittig genug ist: Kann ich heute die zwei Seiten schreiben? Ja, das kann ich! Und los. Und wenn es geschafft ist: dicker roter Punkt hinter den Gliederungspunkt. Auf diese Weise habe ich meine 420-seitige Dissertation in Musikwissenschaft geschrieben – nie hätte ich angefangen, hätte ich an 420 Seiten gedacht – aber die zwei Seiten, die gingen gut. Und so wächst es und wächst und wächst. Und schließlich ist es fertig! Das ist der wichtigste Trick: *Denke nur am Anfang an das große Ganze, zerteile es dann in kleine Einheiten und arbeite diese kleinen Schritte nach und nach mit traumwandlerischer Sicherheit ab*. Und nix hält dich heute von den zwei Seiten ab. Und oft wette ich mit mir selbst: Heute gehe ich nicht eher ins Bett, bis ich diese zwei Seiten geschrieben habe.
Das ist das ultimative Geheimnis des Erfolgs. Riesiges in Klitzekleines zerlegen – und los. Das war's im Prinzip. Hier könnte dieser Band enden, denn du kennst nun das wichtigste Geheimnis des Erfolgs – mehr brauchst du nicht. Hör auf, über Motivation nachzudenken. Plane deinen Erfolg einfach wie oben beschrieben. Mache das einfach so und werde total erfolgreich!

KURZ UND KNAPP

Erfolg hat ein ganz einfaches System, das für alle großen und kleinen Ziele gilt, die du im Leben erreichen willst: Setze dir ein herausforderndes Ziel, zerlege es in kleine Meilensteine, plane für die Etappen die Aktionen, trage die kleinen Aktionen in deinen Tages-To-Do-Plan ein und arbeite an diesem einen Tag die kleine Aktion ab.

Und das machen wir Tag für Tag so – wie ein Ritual. Wir gehen so jeden Tag einen kleinen Schritt zum gigantischen Erfolg. Erfolg kommt nie an einem Tag. Erfolg kommt in winzigen Wellen an jedem Tag mehr und mehr. An jedem Tag mehr und mehr!

4. Was erfolgreicher macht als alles andere

Was, wenn wir wüssten, welche Eigenschaft erfolgreicher machte als alle anderen? Das wäre der Schlüssel! Und was, wenn wir darüber hinaus auch noch wüssten, wie man diese eine Eigenschaft selbst trainieren kann? Das wäre spektakulär! Wir könnten täglich erfolgreicher werden. Und hier die frohe Botschaft: Wir wissen beides! Wir wissen, was erfolgreicher macht als alle anderen Eigenschaften und wir wissen, wie wir sie stärken! – Ein Wunder.

4.1 Befunde

Bevor wir uns das genauer ansehen, sind hier zunächst einige Fragen zur Selbsteinschätzung. Falls du Lust hast, skaliere dein Verhalten anhand der Fragen doch mal auf einer Skala zwischen 0 und 10 („trifft überhaupt nicht zu" bis „stimmt vollkommen"):

1. Wenn ich etwas leiste, motiviert mich das sehr. _____
2. Ich bleibe an Aufgaben so lange dran, bis ich sie abgeschlossen habe und damit zufrieden bin. _____
3. Ich lebe ohne klare Ziele. _____

4. Ich erledige Aufgaben schnell. _____
5. Ich will im Leben wirklich etwas leisten. _____
6. Mein Schreibtisch ist ordentlich. _____
7. Ich arbeite schnell und wirksam. _____
8. Ich bin meistens gut vorbereitet. _____
9. Ich fühle mich bei meinen Arbeiten meistens kompetent, sie auch zu lösen. _____
10. Ich halte meine Zusagen ein. _____
11. Um meine Ziele zu erreichen, arbeite ich hart. _____
12. Ich habe hohe Ansprüche an meine eigene Leistung. _____
13. Wenn etwas nicht so läuft, wie ich es mir vorstelle, arbeite ich so lange daran, bis es funktioniert. _____
14. Bevor ich etwas Schwieriges beginne, überlege ich genau und arbeite dann nach einem System. _____
15. Ich lege großen Wert auf Gründlichkeit. _____
16. Aufräumen macht mir Spaß. _____
17. Ich halte meine Termine meist ein. _____

4.2 Gewissenhaftigkeit

Hinter all diesen Fragen und hinter der oben beschriebenen Eigenschaft, die erfolgreicher macht als alle anderen, steckt die Stärke der inneren Stimme, die vor falschen Handlungen warnt (Sokrates); es ist, was jahrzehntelang als juristisch gültiger Grund zur Kriegsdienstverweigerung anerkannt war; es ist, was uns selbst an Gutes oder Böses bindet, da ethische Orientierungen

deren Grundlage sind; es ist, was macht, dass wir Tiere retten, Flüchtlinge aus überfrachteten Nussschalen aus dem Meer holen, Laufschuhe anziehen, obwohl es regnet und was uns stundenlang am Schreibtisch hält. Es ist, was uns verantwortlich fühlen lässt. Und es ist, was dir den Nachmittag mit Freunden beim Grillen im Stadtpark versaut, weil du eigentlich für die Bachelorprüfung lernen müsstest: Es ist das Ausmaß an Gewissenhaftigkeit; die Stärke unseres Gewissens. Und innerhalb der Gewissenhaftigkeit ein einziges, kleines Teil, doch dazu später...
Gewissenhaftigkeit bezieht sich auf das Ausmaß, in dem sich jemand seinen Aufgaben oder Zielen verpflichtet fühlt; sie enthält die Lust oder das Begehren, eine Aufgabe gut zu tun und abzuschließen. Welche Aufgaben oder Ziele wir uns setzen, ist in unserem Wertesystem angelegt. Ich will, oder ich muss das und das tun! Ich schreibe jetzt diese Hausarbeit! Dieses eine Kapitel schreibe ich jetzt! Und nichts hält mich davon ab! Nichts! Handeln wir nun entsprechend dem eigenen Gewissen, haben wir ein „reines Gewissen", handeln wir aber gegen unser eigenes Gewissen, haben wir ein schlechtes Gefühl – „Gewissensbisse" –, es ist ein Zustand fehlender innerer Harmonie – ein Zustand kognitiver Dissonanz.

Und so ist es die starke Gewissenhaftigkeit, die uns mit ihren fünf Elementen zum Lernen bringt: Nämlich mit Kompetenz, Ordnungssinn, Pflichtbewusstsein, Leistungsstreben, Selbstdisziplin und Besonnenheit (=Umsicht, Bedacht, Sorgfalt). So haben gewissenhafte Menschen hohe Ansprüche an die eigene Leistung, an die eigene Willenskraft, sind eher systematisch und gut organisiert. Ihr Profil zeigt eine hohe Selbstkontrolle, mit dem Resultat einer konsistenten und eher konsequenten Ausrichtung auf persönliche und berufliche Ziele. Gewissenhafte sind also zielorientiert und verfolgen diese Ziele auch – gegen alle Ablenkungen und Widerstände. Und das ist das Wichtigste: Sie sind in der Lage, äußere, verlockende, zerstreuende Reize auszublenden und sich stark auf das zu fokussieren, was sie gerade tun, kaum ablenkbar. Sie bleiben bei der Sache. Und diese Fokussierung auf die Aufgabe ist notwendig. Sonst wird das nichts.

Ein weniger gewissenhafter Mensch hingegen wirkt unbekümmerter, leichter, hedonistischer, spontaner, ja eher sprunghaft und leicht oder schwer chaotisch. Er ist weniger systematisch, manchmal nachlässig, plant selten, ist kaum zielorientiert und hinsichtlich seiner Aufmerksamkeit reizoffen für Zerstreuungen durch Gedanken, Personen oder Aktivitäten, die gerade auftauchen. Diese führen ihn dann weg von der Aufgabe, weil sie ihre spontanen Impulse weniger kontrollieren. Eine kleine, ablenkende Eingebung, ein Anruf auf dem Handy, eine Mail zur Lernzeit und weg sind sie... Weg vom Schreibtisch, weg aus der Uni-Bibliothek, weg aus der Arbeitsgruppe. Sitzen mit Lieselotte im Biergarten oder mit Hans-Franz in der Sauna, während die „Streber fürs Examen pauken". Bestenfalls sitzen sie doch noch am Schreibtisch, arbeiten auch wirklich was, aber nicht an ihrem ursprünglich für heute anvisierten Ziel, sondern an niedrigschwelligeren Herausforderungen, die ihnen gerade eingefallen sind und vielleicht im Moment mehr Spaß bringen. Viel Arbeitseinsatz, bei dem wenig herauskommt.

Jahre später ist das allerdings nicht mehr so lustig – ausgelästert über die „Streber": Statistisch nachweisbar haben gewissenhafte Menschen:

- höhere Einkommen und sind wesentlich zufriedener mit ihrer Arbeit (wahrscheinlich, weil sie die besseren Jobs bekommen haben)
- bessere Chancen, einen Job zu finden
- höhere Zufriedenheit in ihrer Partnerschaft
- weniger Wahrscheinlichkeit auf das metabolische Syndrom: Sie haben weniger Schlaganfälle, niedrigeren Blutdruck und ein niedrigeres Alzheimer-Risiko
- insgesamt ein längeres Leben

All das haben sie, wenn sie es nicht übertreiben, denn wenn die Konzentration auf das Ziel zu extrem ausfällt, ist der Workaholic nah – der Vorteil wird zum zwanghaften Nachteil. Hier nun eine genaue Übersicht zu den einzelnen Elementen der Gewissenhaftigkeit. Die führenden Persönlichkeitstests Big-Five und NEO-PI-R definieren die Elemente in ihren jeweils starken und schwachen Ausprägungen:

	Schwache Ausprägung der Gewissenhaftigkeit – Selbst- oder Fremdbeschreibung als...	Starke Ausprägung der Gewissenhaftigkeit – Selbst- oder Fremdbeschreibung als...
Gesamt: Gewissenhaftigkeit	• unbekümmert, leicht • weniger systematisch • manchmal nachlässig • es wird nie oder selten geplant • kaum zielorientiert • Aufmerksamkeit: reizoffen	• systematisch • gewissenhaft • hohe Ansprüche an sich selbst • zielorientiert • Aufmerksamkeit: Reize ausblendend, fokussiert
Kompetenz	• schätzen eigene Fähigkeiten gering ein • leicht zu verunsichern • häufig von plötzlichen Anforderungen irritiert • manchmal unbeholfen • inkompetent	• fühlen sich sicher und fähig, die Herausforderungen zu meistern • kompetent • effektiv • umsichtig
Ordnungsliebe	• unordentlich • unorganisiert in eigenen Tätigkeiten und der Umgebung • unsystematisch • chaotisch	• ordentlich • gut organisiert • systematisch • Alles hat seinen festen Platz
Pflichtbewusstsein	• manchmal recht unzuverlässig • flüchtig, locker bezüglich Absprachen	• gewissenhaft • zuverlässig • fühlen sich stark eigenen ethischen und moralischen Prinzipien verpflichtet

Leistungs-streben	• gleichgültig • etwas „faul“, unmotiviert • geringes Bedürfnis nach Erfolg • ziellos • geringes Leistungsstreben • geringes Anspruchsniveau an sich selbst	• hohes Anspruchsniveau bzgl. eigener Leistungen • erfolgsorientiert • ehrgeizig • fleißig • zielstrebig • arbeiten fokussiert, um ihre Ziele zu erreichen; • zukunftsorientiert
Selbstdiszi-plin	• leicht flatterhaft, ablenkbar • nachlässig • chaotisch • undiszipliniert • willensschwach • geben schnell auf, sind schnell mutlos • aversive (Widerstand hervorrufende) Aufgaben werden vermieden oder vor sich hin geschoben	• konzentriert • fokussieren sich darauf, die Aufgabe zu erledigen • beharrlich • selbstdiszipliniert • willensstark: können sich motivieren oder willentlich steuern um Aufgabe zu erledigen und so das Ziel zu erreichen
Besonnenheit (Umsicht, Bedacht, Sorgfalt)	• spontan • hastig und entscheidungsfreudig • sprunghaft • planlos • Folgen des Handelns werden kaum bewusst gemacht	• besonnen • umsichtig und überlegt • sorgfältig • unbeirrt • wirken nachhaltig

Tab. 2: Elemente der Gewissenhaftigkeit

4.3 Selbstdisziplin: Ein Held sein

Wenn wir uns die sechs Elemente der Gewissenhaftigkeit oben noch mal ansehen, was davon ist wohl das Wichtigste, um erfolgreich zu werden? Es ist die Selbstdisziplin. Der Kern dieser Eigenschaft Gewissenhaftigkeit liegt in der Selbstdisziplin: Je stärker die Selbstdisziplin ist, desto höher die Gewissenhaftigkeit und desto größer ist der Erfolg.

Zwei Dinge braucht der Mensch um tierisch erfolgreich zu sein: ein Ziel (vgl. Kap 3), für das er leidenschaftlich brennt und die Selbstdisziplin, also die Willenskraft, das Ziel zu erreichen.

Dutzende von Studien haben gezeigt, dass Selbstdisziplin den IQ in der Vorhersagekraft schlägt, wenn es darum geht, erfolgreiche Lebenswege und Karrieren vorauszusagen. Selbstdisziplin hat einen stärkeren Effekt auf akademische Erfolge als intellektuelles Talent. Es scheint *die* Schlüsseldisziplin für individuellen Erfolg zu sein! Hoch Selbstdisziplinierte erreichen als Schüler die besseren Noten, haben später geringere Fehlzeiten an der Universität, verbringen weniger Zeit mit Fernsehen und mehr Zeit mit Lernen.

Ja, zugegeben, es ist kein besonders schönes Wort, es klingt nach Selbstkasteiung und Selbstoptimierung. Nach Wasser und Brot statt Brot und Spielen. Und doch macht es so glücklich, wenn man sich überwunden hat und irgendwas richtig Gutes, Großes zustande bringt. Es geht nicht darum, ein Leben in ständiger Selbstbeherrschung zu führen. Das wäre ein ödes Leben und genauso zerstörerisch, wie ein Leben ohne jede Selbstbeherrschung, – denk nur mal an die impulsiven, aufbrausenden Partner/Chefs/Freunde, an die suchtkranken Partner/Chefs/Freunde – an Partnerschaften, Arbeitsbeziehungen und Freundschaften, die kaputt gehen, weil irgendjemand überhaupt keine Selbstbeherrschung hat: ausrastet, säuft, den ganzen Tag verpennt und die Wohnung in eine Schimmelbude verwandelt.

Oder nehmen wir die Genialen: Kein Cellist der Erde spielt begnadet Cello, wenn er nicht zuvor tausende von Stunden geübt hat – mal mit Leidenschaft und Spaß – mal mit Wasser und Brot gegen den eigenen Schweinehund ankämpfend. Kein Forscher der Welt hat den Nobelpreis für Brot und Spiele – also reines Vergnügen – bekommen. Experte mit tiefen Einblicken in einen Bereich wird man erst durch tausende von Stunden – manche behaupten, um gigantische Leistungen zu vollbringen braucht man 10.000 Stunden, die man mit der Sache verbracht hat. 10.000 Stunden (aber wir fangen ja meist nicht bei Null an, sondern haben meist schon viele Stunden hinter uns) voll Forscherdrang, Spieldrang, Maldrang, Schreibdrang, Lerndrang, Leidenschaft für die Sache – aber eben auch tausende von tristen, faden Stunden einfach voller Arbeit. Sonst nichts. Richtig gut wird man erst durch selbstdisziplinierte Arbeit. Richtig gut wird man erst durch harte Arbeit. Alles andere ist mickriger Kram. Hobby eben, amateurhaftes Niveau eben. Und als Prüfer/in merkt man das in den Prüfungen recht schnell: Hat der Prüfling es drauf? Oder ist das alles Plätscher, Plätscher auf Stammtischniveau.
Selbstdisziplin wird als eine der Fähigkeiten der Selbstkontrolle verstanden, wie z.B. auch die Beharrlichkeit und Ausdauer. Oft wird jedoch Selbstkontrolle und Selbstdisziplin einfach synonym verwendet; beides sind auf jeden Fall Selbststeuerungskompetenzen, die eine konsequente Zielverfolgung fördern. Und häufig werden sie benötigt, wenn die Zielverfolgung durch konkurrierende Bedürfnisse oder Ziele gefährdet erscheint: Ich will heute an der Hausarbeit schreiben, aber Jan hat geschrieben, dass er jetzt ins Schwimmbad geht...
Hier haben wir damit einen typischen Konflikt zwischen zwei Handlungsalternativen. Und das genau macht die Selbstkontrolle aus: Ein Mensch muss sich zwischen verschiedenen Handlungsalternativen entscheiden, wobei jede der Alternativen positive oder negative Konsequenzen hat. Die Konse-

quenzen können zu unterschiedlichen zeitlichen Abständen auftauchen. Wenn ich jetzt ins Schwimmbad gehe, habe ich zwar kurzfristig einen sonnigen Nachmittag, langfristig bin ich aber dann mit der Hausarbeit schon wieder stark unter zeitlichem Druck und vielleicht wird auch die Note dann nicht so toll. Und hier wird klar, warum Selbstdisziplin ein Element der Gewissenhaftigkeit ist: Je nach Stärke des Gewissens hinsichtlich der Arbeit entscheiden wir uns so oder so: pro Schwimmbad oder pro Hausarbeit.
Der klinische Psychologe Hans Reinecker weist darauf hin, dass es zwei Haupttypen dieser Konflikte gibt: das „Widerstehen einer Versuchung" und zugespitzter gar das „Heldenhafte Verhalten" (Reinecker 2014). Widerstehen einer Versuchung meint, dass wir kurzfristig auf eine erreichbare positive Konsequenz verzichten, um langfristig stärkere positive Konsequenzen zu erreichen. Ich gehe jetzt nicht ins Schwimmbad, damit ich die Hausarbeit endlich anfangen kann und genug Zeit habe, das Thema super zu verstehen und zu bearbeiten! Ich widerstehe der Versuchung! Ich entwickele mich lieber!

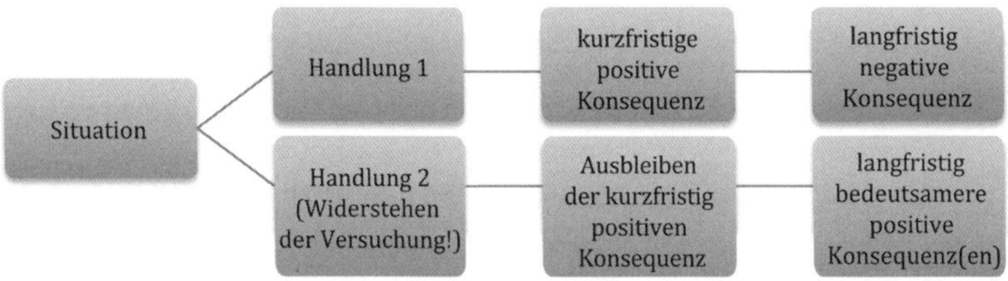

Abb. 7: Widerstehen einer Versuchung (in Anlehnung an Reinecker 2014)

Heldenhaftes Verhalten liegt gar vor, wenn wir uns kurzfristig für ein Verhalten entscheiden, dass zwar kurzfristig aversive – also Widerwillen hervorrufende – Konsequenzen mit sich bringt, langfristig aber zu einer oder mehreren bedeutsameren positiven Konsequenzen führt. Ich müsste heute für die

Statistikklausur lernen, aber muss erst mal in Ruhe sehen, was in meinem sozialen Netzwerk so los ist... Heldenhaft wäre es, das soziale Netzwerk und das Mailprogramm auszuschalten und sich an die verhassten Statistikunterlagen zu setzen. Das mache ich heute! Das und das lerne ich heute! Und ich stehe nicht eher vom Schreibtisch auf, bis ich diesen kleinen Rechenschritt verstanden habe!

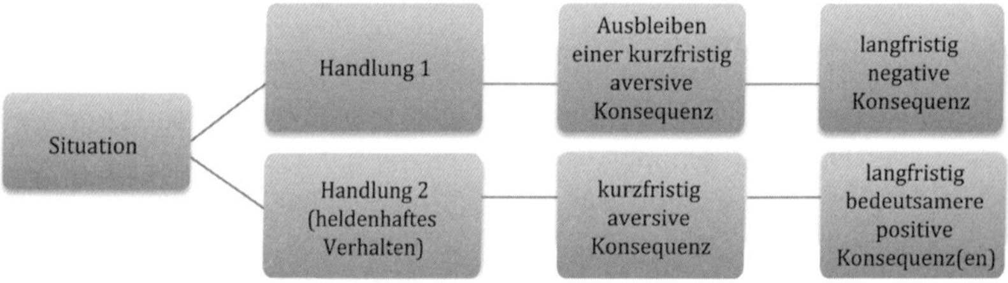

Abb. 8: Heldenhaftes Verhalten (in Anlehnung an Reinecker 2014)

Es geht also darum, die langfristigen Konsequenzen unseres Verhaltens zu antizipieren und so zu handeln, dass diese möglichst positiv sind. Allerdings werden die kurzfristigen Impulse wohl vom ältesten Teil unseres Gehirns, dem limbischen System, als spontane Reaktionen gesendet, sind also die naheliegenden Handlungsimpulse (das „hot system"). Auf der anderen Seite braucht es kognitive Energie – also Reflexion über die langfristigen Konsequenzen – um den kurzfristigen Impuls auszuschalten. Diese Reflexion findet im jüngsten Teil unseres Gehirns statt: im Frontallappen – also direkt hinter der Stirn (dem „cool system"). Es geht also darum, das hot system kurzfristig zu überrumpeln, um unsere langfristigen Ziele zu erreichen, denn es ist allemal attraktiver, in einer lauschigen Pizzeria mit Freunden eine Pizza frutti di mare gigantissima speciale zu essen, als für die Statistikklausur zu lernen. Aber wenn man nicht für die Statistikklausur lernt, wird freilich die lauschige Pizzeria bald ein seltenes Vergnügen sein. Schwierig wird die Sache dadurch, dass unser Gehirn die Tendenz hat, „unmittelbare Belohnungen überzubewerten und den Wert aufgeschobener Belohnungen stark herabzusetzen" (Mischel 2015a, S. 319). Wir müssen demnach „den Prozess umkehren, indem wir die Gegenwart abkühlen und die Zukunft erhitzen" (Mischel 2015a, S. 319).

Das *klappt, indem wir uns physisch oder psychisch von den Verlockungen distanzieren, sie umwandeln, abstrakter machen oder sonst wie abwerten*: Die frutti di mare gigantissima speciale schmeckt in der Versuchung kaum noch, wenn wir sie uns in schwarz-weiß und mit ranzig-fettigem Geruch vorstellen. Gleichzeitig die Zukunft erhitzen meint hier, sich genau vorzustellen, wie gut das Gefühl während der Statistikklausur ist, eine Aufgabe nach der anderen glücklich und selbstsicher lösen zu können und dann in einigen Wochen am Schreibtisch zu sitzen und auf der Uni-Internetseite im Prüfungsportal leicht nervös deine Matrikelnummer zu suchen, sie zu finden, der Zeile zu folgen und eine super Note dort eingetragen zu sehen. Und du jubelst, schnappst dein Handy und rufst ... an und er/sie freut sich total mit dir. Du bist happy und gehst die frutti di mare essen... *Das Grundprinzip des heldenhaften Verhaltens ist also das verführerische „Jetzt" abzukühlen und das spätere Ziel zu erhitzen*.

Der Wert, einer Versuchung widerstehen zu können oder gar heldenhaft zu sein, wurde erstmals in den 60ern in einem bahnbrechenden Experiment bewiesen und 2015 in einer Riesenstudie zum x-ten Mal bestätigt. Der Forscher Walter Mischel schildert das Ur-Experiment in seinem aktuellen Band (Mischel 2015a) und pointiert in einem Interview in der ZEIT Wissen (Mischel 2015b): In den 60er und 70er Jahren lud seine Forschergruppe Kinder von vier bis fünf Jahren „zu einem Spiel" ein, immer einzeln. „Wir stellten sie vor die Wahl: Willst du jetzt ein Marshmallow essen, oder willst du warten und als Belohnung dafür noch ein zweites bekommen? Wer

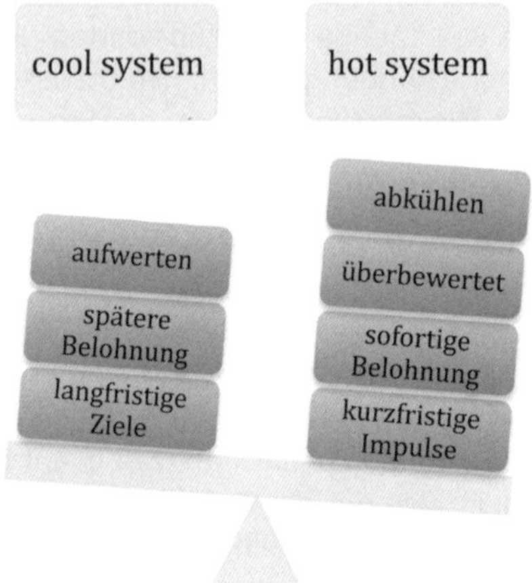

Abb. 9: Cool system und hot system – Belohnungsaufschub

sich für das Warten entschied, musste allein in einem leeren Raum sitzen, das Marshmallow oder eine andere Süßigkeit vor sich auf dem Tisch. Daneben lag eine Glocke, mit der die Kinder ihren Betreuer herbeiklingeln konnten, wenn sie es nicht mehr aushielten. Dann gab es aber keine Belohnung. Durch die Glasscheibe konnten wir beobachten, was bis dahin geschah" (Mischel 2015a, o. S.). Wenige Kinder hielten den ganzen Zeitraum von 15 Minuten durch. Diese werden von Mischel als die Gruppe der „High Delayer" (Hochverzögerer) bezeichnet. Die Ungeduldigen sind hingegen die „Low Delayer".

Viele der Kinder stammten aus dem Kindergarten seiner Tochter und so konnte er Jahre später durch seine Tochter erfahren, was aus dem einen oder anderen Kind zwischenzeitlich geworden war. Und da plötzlich – mehr oder weniger zufällig – entdeckte er den Zusammenhang: Diejenigen Kinder, die

damals am Längsten widerstanden hatten, schienen beruflich erfolgreicher geworden zu sein, als die Low Delayer.
Nun systematisierte Mischel seine Beobachtungen und verfolgte die Lebenswege der ehemaligen Kinder über einen Zeitraum von 40 Jahren. Und tatsächlich: Die systematische Untersuchung der Lebenswege der rund 600 Versuchsteilnehmer zeigt höchst erstaunliche Ergebnisse: „Zehn Jahre nach unserem Experiment stellten wir fest: Die High Delayer besaßen eine höhere Konzentrationsfähigkeit als die anderen. Sie konnten besser mit Frustrationen umgehen, waren selbstbewusster, erzielten bei Intelligenztests höhere Werte und hatten die besseren Schulnoten. Zwanzig Jahre später besaßen sie häufiger einen Uni-Abschluss, ihre Beziehungen waren stabiler, sie nahmen seltener Drogen, und sie waren schlanker als die Low Delayer. Und so ging es in den folgenden Jahrzehnten immer weiter: In allen möglichen Facetten des Lebens blieben auffällige Unterschiede" (Mischel 2015b). Replikationsstudien (also Wiederholungsstudien) stützen diese Befunde. Es gibt also tatsächlich einen Zusammenhang „zwischen dem Verhalten eines Kindes, das vor einem Marshmallow sitzt, und dem weiteren Erfolg im Leben. Das zeigt sich Jahrzehnte später bei den Schulabschlüssen, bei den Uni-Noten oder sogar darin, dass man stabilere Beziehungen hat" (Mischel 2015b).
Er fand also heraus, dass diejenigen Kinder, welche der Versuchung widerstanden hatten, im beruflichen, sozialen und emotionalen Bereich erfolgreicher waren, als die Kinder ohne die Fähigkeit zum Belohnungsaufschub. Dadurch legte Mischel einen Grundstein für die Forschung darüber, was zu Erfolg im Leben führt: die Selbstkontrolle bzw. Selbstdisziplin. Die Fähigkeit zur Selbstkontrolle ist nicht nur in einzelnen Situationen interessant, sondern hat eine starke Vorhersagekraft für die o.g. langfristigen Effekte – es verrät also viel über die Zukunft, über den weiteren Lebensweg...

Falls du jetzt denkst, dass du den Marshmallow sofort gegessen hättest und so also nun dazu verdammt bist, im Leben recht erfolglos zu bleiben, gibt es hier schon mal Entwarnung: Nichts in der Persönlichkeit ist wirklich fest gefügt. Umwelt, Erziehung und Erfahrung haben ebenfalls Einfluss und lassen sich von den genetischen Einflüssen nicht sauber trennen. Außerdem geht es bei den obigen Befunden um Korrelationen und nicht um Kausalitäten. „Nicht jeder, der beim Marshmallow-Test schlecht abschneidet, hat ein miserables Leben vor sich. Das ist wie bei Zigaretten: Statistisch ist klar, dass Raucher früher sterben, aber einige werden trotzdem über 90 Jahre alt" (Mischel 2015b). Außerdem zeigte rund ein Viertel der Versuchsteilnehmer in den Folgestudien Wandlungen des Profils – von Low- zu High-Performern oder auch umgekehrt.

Hinzu kommt, dass es nicht wichtig ist, in allen Lebensbereichen selbstdiszipliniert zu sein und seine eigene Spontaneität im Griff zu haben, beispielsweise langsam zu essen und trinken, sich bei jeder Gelegenheit zu gedulden, jeden Tag extrem diszipliniert im Sportstudio zu trainieren oder niemals ein Stück Schokolade zu essen. Mancher trainiert superdiszipliniert, hat aber extreme Probleme, wenn es um die Sauberkeit seines WG-Zimmers geht.

Wichtig ist einfach, *in bestimmten Bereichen selbstdiszipliniert zu sein, nämlich in denen, die für die eigenen Ziele und Entwicklungen wichtig sind.* Und falls du jetzt meinst, das sei ja alles nur harte Arbeit und extrem unkreativ und fantasielos, dann hält Mischel dagegen, dass kein großartiger Roman oder keine wundervolle Komposition ohne harte Arbeit entstanden ist. „Auch ein genialer Wissenschaftler wie Einstein hatte nicht nur Heureka-Momente. Er musste hart dafür arbeiten" (Mischel 2015b). Also: Die Inspiration kommt zu dem, der sie ruft. Picasso hat das schlicht auf den Punkt gebracht: Inspiration existiert, aber sie muss dich bei der Arbeit finden.

Noch spektakulärer wird es in den aktuellen internationalen Studien. Oft wird dort die Fähigkeit zur Selbstdisziplin mit anderen Merkmalen verglichen. Und die Befunde sind eindeutig und erhärten die Ergebnisse der Gewissenhaftigkeits-Untersuchungen, denn was für Gewissenhaftigkeit gilt, gilt verschärft für die Selbstdisziplin. In der größten diesbezüglichen Studie, der Dunedin-Studie stellen die Forscher anhand von über 1000 langjährig untersuchten Kindern fest: „Einer Kohorte von 1.000 Kindern von ihrer Geburt bis zu einem Alter von 32 Jahren folgend, konnten wir zeigen, dass das Maß der Selbstkontrolle von Kindern (hier synonym zu Selbstdisziplin verwendet, M. B.) in enger Verbindung mit ihrer späteren körperlichen Gesundheit, ihrer Substanzabhängigkeit, ihren persönlichen Finanzverhältnissen und auch Kriminalitätsanfälligkeit steht. Dabei konnten die Effekte der Selbstkontrolle klar von ihrer Intelligenz, der sozialen Klasse oder evtl. Fehlern losgelöst werden, die sie als Erwachsene begangen hatten. In einer anderen Kohorte von 500 Geschwisterpaaren hatte das Geschwisterteil mit weniger Selbstkontrolle ein schlechteres Auskommen – trotz des gleichen familiären Hintergrunds. Interventionen die Selbstkontrolle anvisieren, könnten weitreichend gesellschaftliche Kosten reduzieren, Geld von Steuerzahlern sparen und prosperierend wirken". (Moffitt/Arseneault, L. et al., 2011, S. 2693, Übers. M.B.).
Um es auf den Punkt zu bringen: Intelligenz und Begabung sind wirklich wundervoll, aber du kannst dich nicht darauf verlassen. *Wenn es hart auf hart kommt und du je wirklich etwas Großes erreichen willst, hilft nur harte, selbstdisziplinierte Arbeit. Ansonsten wird das nichts.*
Der Psychologe Richard Gardner untersuchte Dutzende Biographien „genialer" Menschen, wie Einstein, Freud, Picasso, Strawinsky. Sie alle verbindet nicht sehr viel, aber der Umgang mit dem Scheitern ist ähnlich: Wenn sie scheitern, verlieren sie nicht viel Zeit um zu lamentieren, jemanden zu beschuldi-

gen oder extremer Weise sogar ihr ursprüngliches Vorhaben aufzugeben. Stattdessen nutzen sie das Scheitern als eine Möglichkeit der Lernerfahrung und versuchen auf dieser Misserfolgs-Lektion ihre folgenden Leistungen aufzubauen. Selbstdiszipliniert auch – oder gerade – bei Misserfolgen oder Unlust weiterzumachen, statt frustriert aufzugeben – das scheint es wohl primär zu sein.
Im anglo-amerikanischen Raum spricht man hier auch von „grit". Menschen brauchen grit, um erfolgreich zu sein, nämlich die Beharrlichkeit/Ausdauer und Leidenschaft zur langfristigen Zielerreichung. Die Entschlossenheit, das Leistungsstreben also: „Ich gebe nicht auf! – Da bleibe ich dran. Dieses Ziel erreiche ich!"

4.4 Wie du deine Willenskraft stärkst

Selbstdisziplin zeigt sich vor allem in der Willenskraft, also der Stärke, mit der Absichten auch wirklich umgesetzt werden. Die Merkmale der Willenskraft sind insbesondere Ausdauer/Beharrlichkeit, Entschlossenheit und Zielstrebigkeit – also handlungsregulatorische (volitionale, willentliche) Prozesse – weniger motivationale, die sich auf Anreize und Erwartungen beziehen. Durch Beharrlichkeit, Entschlossenheit und Zielstrebigkeit wird psychische Energie verbraucht, da diese notwendig ist, um Ablenkungen oder Unlust, die von der Zielerreichung wegführen, zu überwinden. Willensschwäche ist so nichts anderes, als ein Mangel an psychischer Energie. Dieser Mangel hat zwar einen schönen Namen, das bringt uns aber nicht viel: „Akrasia".
Ähnlich wie bei körperlicher Schwäche funktioniert die Willenskraft wie ein Muskel. Anstrengung – also der Einsatz von Willenskraft – schwächt ihn zwar vorübergehend, stärkt ihn aber langfristig, so dass beim nächsten Einsatz größere An-

strengungen leichter gemeistert werden können. Und so können wir unsere Willenskraft tatsächlich trainieren...
Mit wachsender Willenskraft nimmt die Selbstregulationsfähigkeit zu und unerwünschte Verhaltensweisen, Emotionen und Gewohnheiten können gehemmt oder überwunden werden – und zwar durch spezifische Strategien. Und das Tolle daran: Wir können Willenskraft nutzen, um Willenskraft auch in anderen Bereichen aufzubauen: Die Teilnehmer aus einem Fitness-Programm wurden fitter, die aus einem Programm für Disziplin im Studium kriegten mehr Hausarbeiten erledigt, die aus einem Geld-Spar-Programm sparten mehr. Aber sie verbesserten sich häufig auch in anderen Bereichen – es scheint starke Transfereffekte zu geben: Wer in einem Bereich selbstdiszipliniert sein kann, kann es in einem anderen Lebensbereich anscheinend auch besser.
Hier die wichtigsten „Handlungskontrollstrategien" (Julius Kuhl) – und damit Willenskraft-Strategien – im Überblick. Es geht nicht darum, alle zu befolgen. Nimm dir doch einfach diejenigen, die am besten zu dir passen. Nehmen wir an, du hast die Absicht gefasst, heute das nächste Kapitel deiner Hausarbeit zu schreiben.

4.4.1 Sparsame Informationsverarbeitung

TIPP

Entscheide dich für etwas und wäge nicht übermäßig lange ab! Ignoriere nach der Entscheidung alle Impulse, die vom Ziel wegführen.

Gut – im Sinne der Willenskraft – wäre, den *Entscheidungsprozess tatsächlich zu beenden*, sobald wir die Absicht gebildet haben und übermäßig langes Abwägen zu vermeiden.

Denn das stresst nur und kostet Kraft. Der Entscheidungsprozess ist beendet. Im Idealfall gibt's da nichts mehr nachzudenken, werden keine ablenkenden Impulse mehr beachtet und alles, was von der Absicht wegführt, ausgeblendet. Wir nehmen kaum noch ablenkende Informationen auf. Das entstresst. Stress ist sowieso äußerst schädlich für die Selbstdisziplin: Wer Stress empfindet, aktiviert damit sein hot System (limbisches System) und das cool system „fährt gewissermaßen runter". Das ist sehr schlecht für die Selbstdisziplin. Daher sollte Stress möglichst vermieden werden. Besser: Man entscheidet sich und bleibt dabei. Punkt.
Ideal wirkt auch, wenn wir *Gewohnheiten schaffen*, unser Verhalten automatisieren: Wenn etwas eine Gewohnheit ist, und man keine diesbezüglichen Entscheidungen treffen, oder nicht mal darüber nachdenken muss, spart das Willenskraft.
Je mehr du also etwas zur Gewohnheit machen kannst, desto weniger Selbstkontroll-Energie wird verbrannt. Selbstkontrolle funktioniert am besten, wenn wir sie gewohnheitsmäßig machen. Suche und trainiere also feste Arbeitsgewohnheiten. Dabei helfen Regeln, Vorsätze und *Wenn-dann-Pläne*. (vgl. Mischel 2015a). Durch sie können wir uns auf eine bevorstehende Versuchungen, also Gefahrsituationen, vorbereiten: Wenn ich nach Hause komme, bin ich immer so müde, dass ich mich erst mal mit einem Kaffee aufs Sofa setze, irgendwann nach hinten rüberkippe und erst mal eine längere Runde schlafe. Dann ist es Abend und es lohnt sich gar nicht mehr, mit der Hausarbeit anzufangen... Der Moment der Gefahr ist also der Moment, in dem ich mich auf dem Sofa einrichte. Also muss ich den Ablauf an dieser Stelle durchbrechen: In Gedanken plane ich also prophylaktisch den optimalen Ablauf: *Wenn* ich nach Hause komme, koche ich mir einen Kaffee, setze mich in den Sessel, trinke den Kaffee und wenn ich damit fertig bin, *dann* stehe ich sofort auf und gehe an den Schreibtisch! „Wenn ich nach Hause komme, dann lese ich

zehn Minuten Fachliteratur. Oder: Wenn mein Wecker schellt, dann gehe ich joggen... Wenn ich anfange an der Hausarbeit zu schreiben, dann schalte ich mein Mailprogramm aus... Wenn ich in die Nähe des Kühlschranks komme, dann gehe ich schnurstracks vorbei...Mischel nennt diese situativen Auslösereize die vom Ziel wegführende Impulse auslösen (z.B. Sofa, Wecker, Kühlschrank, E-Mails...), „Hotspots" – es geht also darum, seine eigenen Hotspots zu erkennen und das problematische Verhalten auszuschalten, indem wir andere Verhaltensweisen an ihre Stelle rücken – erst durch mentale Vorwegnahme, dann durch Einüben in der Praxis. Und das neue Verhalten wird sich durch die neuen Resultate selbst belohnen und damit immer leichter. Es geht vor allem darum, dieses neue Verhalten in der neuen Verhaltenskette lange genug einzuüben, damit es wirklich selbstbelohnende Handlungsroutine wird. Das neue Verhalten wird so selbst zur Belohnung.

4.4.2 Aufmerksamkeitskontrolle

TIPP

Bei der Aufmerksamkeitskontrolle richtest du die Aufmerksamkeit stark auf das Ziel. Was ist das Ziel heute und was ist gut, spannend, herausfordernd daran? Alles, was zum Ziel führt, wird bewusst wahrgenommen! Alles, was davon wegführt, neu bewertet.

Bei dieser Strategie konzentriert man sich auf *absichtsrelevante Reize*. Alles, was zum Ziel führt, ist wichtig, beachtenswert, spannend. Man fokussiert sich vollkommen einseitig auf die positiven Anreize des Ziels und auf eine optimistische Einschätzung zur Realisierung. Die Aufmerksamkeit ist sehr selektiv nur darauf gerichtet: Was ist das Ziel heute? Ich schreibe jetzt dieses eine Kapitel! Warum ist dieses Ziel bedeutsam? Weil ich dann... Toll und hilfreich ist es auch, die Bewertung der Dinge zu ändern. Dadurch wird die Wahrnehmung gesteuert. Mischel (2015b) erzählt in dem oben erwähnten ZEIT-Interview, dass es den Kindern schon allein geholfen hätte, wenn der Versuchsleiter sagte: „Stell dir vor, das Marshmallow wäre nicht echt – es ist nur ein Wattebausch". Und schon war die Willenskraft der Kinder gestärkt: „Wir können ändern, was die Dinge mit uns machen, indem wir anders über sie denken. Das ist die Kraft der Gedanken". Er nennt das Beispiel eines Diabetes-Patienten, der ein Stück Kuchen zu „Gift" umdeutet, um zu überleben. Oder das Krümelmonster in der Sesamstraße, das sich vorstellt, die Kekse seien nicht echt oder schmeckten ganz furchtbar.

4.4.3 Umgebungskontrolle

TIPP

Gestalte dein gesamtes Umfeld auf das Ziel hin ausgerichtet. Was vom Ziel wegführt, wird gnadenlos eliminiert.

Die *Umwelt* – also zum Beispiel der Schreibtisch, oder das ganze Arbeitszimmer, die Wohnung werden *zielorientiert gestaltet*. Alles, was vom Ziel, der Absicht, wegführt, wird unerbittlich eliminiert: Handy aus, soziales Netzwerk aus, Mailprogramm aus, falls man noch Festnetz hat: Telefonhörer daneben legen, Musik nur, wenn sie tatsächlich subjektiv empfunden zur Vertiefung beiträgt – bewiesen ist dieses für leise Barockmusik (ich höre meist die Bachsuiten für Cello beim Schreiben). Je ablenkungsärmer, desto besser. („Ich richte meine Umgebung/meinen Arbeitsplatz so ein, dass sie/er meine Ziele optimal unterstützt!"). Mischel berichtet bezüglich der Marshmallow-Kinder: Sobald der Marshmallow auch nur durch einen Teller abgedeckt war, verlängerte sich die Durchhaltezeit der Kinder von durchschnittlich 3 bis 5 Minuten auf 10 oder 15 Minuten – also stark, obwohl die Kinder ja wussten, dass es dort war. Augenschließen und sich ablenken („mit den Zehen spielen") halfen auch. Was also ist beim Lernen unser „Teller"? Wovor könnten wir die „Augen schließen"? Was ist unser „an den Zehen spielen"?. Handy aus, Mailprogramm aus und das soziale Netzwerk kann mich mal? Ich bin fokussiert und erfolgreich?

Eine Form der Umgebungskontrolle ist auch die *Vorverpflichtung*. Das machen wir alle im Alltag schon öfter: Bei der Restaurantauswahl suchen wir im Vorfeld schon das aus, in dem wir einen „frischen Salat" essen können und nicht das mit dem „fettigen Burger". Oder wir sagen dem Partner/der Partnerin, wenn wir das nächste Mal keine Lust zum Joggen haben, soll er/sie einfach hartnäckig bleiben und sich einfach schon mal die Joggingklamotten anziehen... Auf amerikanischen Websites werden die dollsten Vorverpflichtungs-Stories berichtet: Eine Frau legt ihre Kreditkarte in einen Wasserbehälter in die Gefriertruhe – so braucht sie eine längere Auftauperiode, bevor sie sie nutzen kann (versuch das mal in der Mikrowelle...). Eine andere trifft sich mit einem Freund, mit dem sie auf keinen Fall schlafen will – so zieht sie zu diesem Date ihre hässlichste Schlabberunterwäsche an – damit sie gar nicht erst in Versuchung kommt. Bei den Vorverpflichtungen antizipiert man also sein zukünftig potenziell zielgefährdendes Verhalten und richtet seine Umgebung im Vorfeld darauf ein. Was also wäre dein zielgefährdendes Verhalten und was kannst du im Vorfeld prophylaktisch tun?

4.4.4 Emotionskontrolle

TIPP

Du bist ein produktiver und motivierter Mensch! Fokussiere dich auf positive, produktive Arbeitsgefühle. Alle anderen Gefühle sind gerade mal nicht beachtenswert. Du willst arbeiten! Du kannst arbeiten! Und wenn du gearbeitet hast, belohnst du dich entsprechend.

Denk an dich selbst als eine motivierte, produktive Person! Die Forschung zeigt, dass die Art, wie Menschen über sich selbst denken, starke Effekte auf den Erfolg hat (vgl. Kap. Selbstwirksamkeit). Hemmende Emotionen, die das jeweilige Ziel gefährden, können reguliert werden – man lässt sich also überhaupt nicht darauf ein, dass man andere Gefühle haben könnte als zielführende. Ja, es wäre toll, jetzt ins Studio zu gehen, aber darüber denke ich überhaupt nicht weiter nach. Ich fühle mich heute gut und ich bin sicher, dass ich die Sache heute ein ganzes Stück weit voran bringe! Es geht hier also unter anderem um die Fähigkeit, sich selbst gegenüber klare Ansagen zu machen: sich also selbst zu instruieren. In entsprechendem Tonfall.

Wenn du zum Beispiel an der Hausarbeit arbeiten willst und Hans-Franz dich in den Biergarten locken will, dann solltest du dir eine klare Ansage machen und auch genau vorstellen, intensiv ausmalen, wie es sein wird, wenn du die Arbeit fertig hast, wenn du sie zurückbekommst und eine super Note darunter steht, wie stolz dein Freund/deine Freundin/deine Eltern sein werden, was sie zu dir sagen werden, wie sie dich loben usw. Es ist eine sehr wirksame Methode, die Gedanken auf das Ziel zu fokussieren. Was man erreichen möchte, in den Mittelpunkt zu stellen, das ist wirksam.

Ein anderer Weg führt über *Selbst-Belohnungen*. Belohnungen fühlen sich gut an, weil sie eine Art Selbst-Anerkennung sind, Bestrafung oder schon allein das Ausbleiben einer erwarteten Belohnung fühlen sich schlecht an. Und deshalb können beide Emotionen für uns arbeiten, um uns zu motivieren. Denn wenn die erwartete Belohnung in Gefahr ist, wird die Leistung gesteigert. Wenn du also zum Beispiel die Absicht hast, heute einen Text zu exzerpieren, so denk dir vorher aus, womit du dich belohnen wirst. Wenn ich den Text exzerpiert habe, dann... Natürlich sollten die Belohnungen in angemessenem Verhältnis zur Leistung stehen. Nach dem exzerpierten Text einen edlen Rotwein trinken, nach der Bachelorarbeit nach London und nach dem Master nach New York wäre doch vielleicht was. Wichtig dabei ist nur die Verlässlichkeit. Wenn wir uns selbst was versprechen, sollten wir es unbedingt einhalten, weil wir ansonsten unser „Selbst-Vertrauen" zerstören. Der Forscher Mischel testete in dem oben beschriebenen Marshmallow-Experiment auch, was passiert, wenn die Kinder tapfer waren, das Marshmallow nicht gegessen haben und der Versuchsleiter ihnen dennoch das versprochene zweite nicht gab. Die Kinder lernten dann ganz schnell, nicht mehr zu warten. Bei einem zweiten Durchgang aßen sie das Marshmallow sofort auf: „Wenn auf nichts Verlass ist, macht es womöglich gar keinen Unterschied, ob ich mich anstrenge oder nicht" (Mischel 2015b, o. S.).

Wer sich also nach fünf Stunden exzerpieren und abgeschlossenem Text – also Tagesziel erreicht! – vorm Supermarktregal aus Knickrigkeit dann doch für den billigen Rotwein entscheidet, macht was falsch (sofern das die Selbst-Belohnung war). Und genauso blöd: Wer nur kurz mit dem Exzerpt begonnen hat, dann im sozialen Netzwerk gechattet, den Abwasch gemacht und Dutzende von Mails beantwortet hat und sich im Supermarkt trotz der mangelhaften Zielerreichung doch für

den edlen Wein entscheidet, macht auch was falsch und hat bezüglich der Selbstdisziplin nicht viel verstanden.
Eine Freundin erzählte mir kürzlich von einer unschlagbaren Strategie: Das Schwere bei einer Aufgabe ist ja der Anfang. Wenn sie gar keine Lust hat, *trifft sie mit sich selbst eine Abmachung*: Zehn Minuten mache ich das jetzt, und wenn ich nach zehn Minuten immer noch überhaupt keine Lust habe, dann höre ich auf, denn dann ist es gerade nicht die richtige Zeit! So kann man seinen Belohnungsaufschub wie einen Muskel trainieren.
Von einem Finanzberater wird erzählt, er sei jeden Morgen in sein Büro gekommen und habe 100 *Büroklammern in ein Glas* gelegt. Daneben stand ein anderes, leeres Glas. Für jedes Telefonat mit einem potenziellen Kunden habe er eine Büroklammer aus dem Glas genommen und in das andere gelegt. Er sei erst nach Haus gegangen, wenn alle Büroklammern im zweiten Glas lagen. Das Prinzip lässt sich sicher auf das Lernen oder Schreiben übertragen: Zum Beispiel: 10 Klammern und pro 100 Zeichen eine Büroklammer... Oder du nimmst Murmeln, Geldstücke oder Kieselsteine. Egal. Die Idee ist einfach nur, den Fortschritt haptisch fühlbar zu machen.
Wenn das alles nicht klappt, hilft vielleicht die Hardcore-Motivationsnummer: die *Selbstverpflichtung*. Gib deinem Freund 50 Euro. Wenn du deine Aufgabe bis 18 Uhr erledigt hast, bekommst du deine 50 Euro zurück. Wenn dieses Tagesziel nicht vollständig erledigt ist, soll er das Geld behalten. Nur eins – wichtig, wichtig: Dein Freund sollte genauso vertrauensvoll und verlässlich sein, wie du selbst: Wenn du es echt nicht geschafft hast, ist das Geld weg! (Falls dir dein Ziel unglaublich wichtig ist, erhöhe den Betrag...). Noch härter wird die Sache, wenn du deinem Freund sagst, falls du dein Ziel nicht erreichst, solle er das Geld an eine Gruppe spenden, die du aus tiefstem Herzen ablehnst (Rechtsradikale, Linksradikale, Homophobe... was auch immer dir da einfällt.).

4.4.5 Motivationskontrolle

TIPP

Plane die Arbeitsschritte und fokussiere dich auf die Fortschritte (it's getting better!). Nimm zwischendurch immer mal wieder die Fortschritte wahr und freue dich an ihnen! Das motiviert sehr stark! Und wenn sie auch noch so klein sein sollten: Fokussiere dich auf die Fortschritte bei der Arbeit!

Planen steigert die Selbstkontrolle. Plane, wie du die Zeit nutzt, und was du in den einzelnen Zeitabschnitten tun willst. Ohne klaren Plan scheitert man viel schneller. Und ganz wichtig: Die Attraktivität der Absicht wird gesteigert. Wenn ich dieses Kapitel fertig habe, bin ich super stolz auf mich, dass ich mir dieses schwere Thema draufgeschafft habe und wenn diese Hausarbeit erst mal fertig ist, habe ich den schwierigsten Teil des Bachelors schon hinter mir. Ich bin ein Held ;-)) Und das schaffe ich, indem ich mir heute diese Zwischenziele setze. Zuerst mache ich heute... dann...

Und das gleiche gilt für den Arbeitsprozess selbst: Fokussiere dich auf den Fortschritt, fokussiere dich auf das, was jetzt schon mehr auf dem Blatt steht, als vor einer halben Stunde. Fokussiere dich auf die kleinsten Fortschritte – auf das „getting better" – auf „getting better goals". Die Fokussierung auf die Fortschritte motiviert, macht Herausforderungen spannender und füllt die Energietanks auf!

Mir hilft da unheimlich die Statistik im Word-Programm: In der unteren Zeile der Word-Maske steht die Anzahl der Wörter. Wenn man da draufklickt, bekommt man die Zeichen und Leerzeichen angezeigt. Eine Seite hat ungefähr 3.000 Zeichen incl. Leerzeichen. Wenn du also eine 20-seitige Hausarbeit abliefern musst, brauchst du ca. 60.000 Zeichen. Literaturverzeichnis und Abbildungsverzeichnis ab, einige Graphiken rein – also brauchst du ca. 45.000 Zeichen. Das ist nicht viel. Wenn du ab und zu die Anzahl der Zeichen anzeigen lässt und die Fortschritte siehst – das motiviert unheimlich... Die Hausarbeit hat heute schon 2864 Zeichen mehr als gestern Mittag. Sie wächst Stunde um Stunde. Ich trage jetzt jeden Abend die Anzahl der Zeichen oben auf der ersten Seite ein, so dass ich jeden Tag den Fortschritt sehen kann... So wirst du immer besser darin, deine Hausarbeit Wort für Wort voranzubringen! Du wirst immer besser darin... So schreibe ich ganze Bücher. Ich kenne die Zeichenvorgaben des Verlags, erstelle eine Gliederung, plane die Anzahl der Zeichen im jeweiligen Kapitel und schreibe diese Ziel-Zeichen-Anzahl oben auf die erste Seite. Abends schreibe ich neben diese Soll-Zahl die tatsächliche IST-Zahl, die das Kapitel schon hat. Und jeden Abend setze ich die neue Zeichenzahl mit Datumsangabe unter die vom Vortag und sehe so die Fortschritte. Das motiviert mich stark... Nichts motiviert mehr, als Fortschritt. Manchmal helfen auch schlicht Quantify-Ziel-Apps-tracker.

Unsere *Fortschritte wahrzunehmen, motiviert uns so stark, dass wir unbedingt darauf Zeit verwenden sollten*: Was ist heute an meinem Ziel/meiner Absicht besser als gestern? Welchen Fortschritt habe ich heute gemacht? Was geht heute schon besser als in der letzten Woche? Was habe ich heute für mein Ziele getan? Finde unbedingt eine Möglichkeit, für dein Ziel die Fortschritte in den Blick zu nehmen und festzuhalten. Übrigens funktioniert das nicht nur beim Lernen und Arbeiten: Ich war mal schwer erkrankt und konnte wochenlang weder lesen noch schreiben. Aber was ich auf der Intensivstation und auch später noch in der Reha oft gemacht habe, war genau diese Fokussierung auf den Fortschritt (obwohl ich damals noch nicht wusste, dass das eine empirisch erwiesene Motivationsmethode ist): Ich habe fast täglich mit dem Handy meine Kopfwunde und mein Gesicht fotografiert – und wirklich: nicht aus Narzissmus, sondern aus Überlebensinstinkt. Wie froh war ich, wenn ich kleine Heilungen sehen konnte!

KURZ UND KNAPP

Kleine Heilungen, kleine Entwicklungen, kleine Fortschritte jeder Art: Wenn wir das wahrnehmen, was wir tun und es unter der Perspektive des Fortschritts betrachten, können wir auch Misserfolge leichter wegstecken – wir sind ja trotz des Umwegs auf dem Weg. Wir lernen und machen Fortschritte, an denen wir wachsen. Sieh jede zielorientiert verbrachte Arbeitszeit als einen Erfolg, als Investition in deine Entwicklung, in dein Wachstum. Lernen ist geistige Arbeit. Geistige Arbeit ist faszinierend. Geistige Arbeit ist fesselnd. Geistige Arbeit ist spannend. Fokussiere dich auf deine Fortschritte. Fokussiere dich wirklich auf deine Fortschritte.

5. Power: Herausforderungen meistern

Wenn wir uns selbst positiv wahrnehmen, wirksam fühlen und leistungssteigernde Begründungen für unsere Erfolge und Misserfolge finden, steigern wir unsere Fähigkeit, auch schwierige Herausforderungen zu meistern.

5.1 Sich wirksam fühlen

Faulheit ist unser natürlicher Zustand: Das Gehirn will nicht, dass der Körper oder der Geist Ressourcen verbrauchen, denn jeder Ressourcenverbrauch könnte Ressourcenvergeudung sein. Und das wäre für den Organismus absolut dysfunktional. Es gibt für uns nur einen einzigen Grund auf Trab zu kommen: Wir aktivieren unsere Kraft, wenn wir Erfolgschancen wittern. Wenn wir annehmen, eine Herausforderung meistern zu können und darüber hinaus annehmen, dass das Resultat gut für uns sein wird! Wenn unser Gehirn nicht an ein gutes Ergebnis glaubt, steht uns kaum Energie zur Verfügung, denn das Schlimmste, was passieren kann, ist, dass wir uns wahnsinnig körperlich oder geistig angestrengt, ja verausgabt haben – und scheitern. Das wäre nicht im Sinne des menschlichen Energiehaushalts. Wenn wir also nicht daran glauben, etwas schaffen zu können, haben wir keine Kraft, um tatsächlich etwas zu tun. So werden Hoffnung und Resignation zu sich selbst erfüllenden Prophezeiungen. Es stimmt also: Ob du glaubst, du schaffst es, oder ob du glaubst, du schaffst es nicht – du hast immer Recht!

So schlicht kann man auf den Punkt bringen, was jahrzehntelange Forschung zur Leistungsmotivation gezeigt hat: *Die erfolgversprechendste Erwartung, die wir an uns selbst haben können, ist diejenige, dass wir selbst wirksam sind!* Uns wirksam zu fühlen. Ich schaffe das, ich kann das, und wenn ich es noch nicht kann, kann ich es lernen! Ich kann das lernen! Ich kann das schaffen! Es kommt also tatsächlich darauf an, in energetisierender Weise über sich selbst zu denken und mit sich selbst zu sprechen.

Das Vertrauen in die eigenen Fähigkeiten und davon auszugehen, auch in schwierigen Situationen handlungsfähig zu bleiben, wird in der Psychologie als „Selbstwirksamkeitserwartung" (SWE) beschrieben. Das Maß der Selbstwirksamkeitserwartung ist kontextspezifisch. So glaubt beispielsweise eine Studierende, sie könne Mikroökonomie sehr gut (hohe SWE für das Fach Mikroökonomie), während sie im Fach Marketing nicht davon ausgeht, eine gute Klausur schreiben zu können (niedrige SWE für das Fach Marketing). Gleichzeitig weiß sie aber, dass es ihr leicht fällt, neue Freunde zu gewinnen (hohe soziale SWE).

Albert Bandura nennt vier Quellen der Selbstwirksamkeit:

- Gemachte Erfahrungen: Die erfolgreiche Bewältigung von Herausforderungen ist der effektivste Weg zur Steigerung der Selbstwirksamkeit. Misserfolge führen, wenn sie auf die eigene, bleibende Unfähigkeit zurückgeführt werden, dazu, niedrige SWE zu entwickeln.
- Beobachtete Vorbilder: Zeigt ein Mensch, welcher uns ähnlich ist, ein erfolgreiches Verhalten, nehmen wir eher an, wir könnten dieses Verhalten auch zeigen.
- Bestätigung durch andere: Bestärkt das Umfeld unsere Fähigkeiten, nehmen wir eher an, die Aufgabe bewältigen zu können.
- Körperliche Signale: Stresssituationen (Herzrasen, Schweißausbrüche, Zittern usw.) werden von uns selbst als Angst-

signale wahrgenommen und als mangelnde Kompetenz gedeutet. Nehmen wir hingegen wahr, gelassen zu sein, deuten wir dies als Kompetenzerleben.

Wir sollten demnach für Erfolgserlebnisse sorgen, nach positiven Vorbildern suchen, uns mit Menschen umgeben, die uns bestärken, und Stress vermeiden.

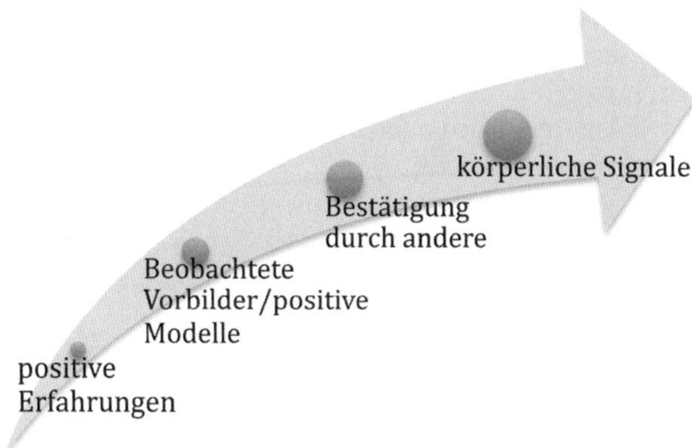

Abb. 10: Unterstützende Faktoren: Selbstwirksamkeitserwartung

Je höher die Selbstwirksamkeitserwartungen, desto höher ist die Bereitschaft, sich auch in schwierigen Situationen einer Aufgabe zu stellen. Mangelnder Glaube an die eigene Selbstwirksamkeit führt hingegen dazu, dass wir eine Aufgabe erst gar nicht in Angriff nehmen oder diese abbrechen, wenn erste Hindernisse auftreten.

ÜBUNG

Richard C. Brent (Brent, o.J.) gibt einige Anhaltspunkte zur Selbsteinschätzung der Selbstwirksamkeit, bitte skaliere dein Verhalten doch einfach anhand der folgenden Fragen (0 = trifft gar nicht zu, 10 = trifft sehr stark zu):

1. Herausforderungen nehme ich gerne an. ____
2. Wenn ich mir wichtige Ziele setze, erreiche ich sie meistens auch. ____
3. Wenn ich etwas beim ersten Versuch nicht schaffe, versuche ich es so lange, bis ich es kann. ____
4. Ich fühle mich auch in neuen Situationen ziemlich sicher. ____
5. Wenn ich etwas tun muss, setze ich mich hin und tue es. ____
6. Wenn etwas kompliziert aussieht, fange ich trotzdem damit an. ____
7. Wenn ich versuche etwas Neues zu lernen, bleibe ich dabei, auch wenn ich nicht sofort erfolgreich bin. ____
8. Misserfolg bringt mich dazu, es noch stärker zu versuchen. ____
9. Ich gebe nicht so leicht auf. ____

Sieh dir deine Antworten noch mal in Ruhe an. Alles oberhalb eines Gesamtwertes von 5,5 liegt schon über dem gesetzten Mittelwert – also gar nicht schlecht! Was kannst du aus deinen Antworten ableiten? Wo wären ggfs. Bereiche, an denen du noch arbeiten kannst?

5.2 Sich wahrnehmen

Zentral für das Gefühl der Selbstwirksamkeit ist ein positives Selbstwertgefühl, denn es unterstützt die psychische Gesundheit und Motivationsbereitschaft des Menschen, ein „Gefühl der Wertlosigkeit" (Rosenberg) ruiniert hingegen unsere psychische Gesundheit und Aktivitätsbereitschaft (Versagensängste, Resignation, Depression u.a.). Zudem geht ein negatives Selbstwertgefühl häufig mit der Abwertung anderer Menschen und Verhaltensweisen einher, da das eigene Selbst durch Aufwertung und „Selbstüberschätzung" geschützt werden soll. „Selbstüberschätzung" oder die Abwertung anderer Menschen können daher als Kompensation eines schwachen ICHs verstanden werden – wer uns abwertet, zeigt dadurch meist nur seine eigene Schwäche.
Ein sicheres Selbstwertgefühl und eine starke Persönlichkeit sind die Folgen einer positiven Selbstwahrnehmung. Auch ist die positive Selbstwahrnehmung die Basis dafür, angemessene Ziele zu finden und diese auch zu erreichen. Wie auch immer: Ob positive oder negative Selbstwahrnehmung – beide beruhen auf der Beobachtung und der anschließenden Bewertung des eigenen Verhaltens. Und zwar bewerten wir uns selbst in Bezug auf unsere Psyche (Kognition, Emotion, Motivation), unsere Physis und unser psychosoziales Sein. „Ich bin ziemlich intelligent, stinkfaul, gut drauf, körperlich total unfit und mit mir kann man Pferde stehlen" kann eine angemessene Selbstbeschreibung sein – kann aber auch total unangemessen negativ oder zu positiv sein.
Es geht also nicht darum, uns selbst in den Himmel zu loben und als Narzisst durch die Welt zu rennen. Hingegen ist ein „positiv-realistisches", also starkes Selbstbild auf der Grundlage einer starken Selbstwahrnehmung, erstrebenswert. Und das braucht Ruhe und Zeit. Durch die intensive Auseinandersetzung mit dir selbst ist es wahrscheinlich, dass du dich selbst positiver wahrnimmst. Hier einige Anregungen.

ÜBUNG

Optimal wäre, wenn du die folgenden Fragen in aller Ruhe schriftlich beantwortest (und dir Zeit für Ausführlichkeit nimmst...).

1. Was waren deine größten Erfolge – schulisch, universitär und privat?
2. Was an der Universität macht dir wirklich Spaß?
3. Was macht dir in deiner Freizeit wirklich Spaß?
4. Was loben die anderen Menschen am häufigsten an dir? (Erinnere dich an eine Situation, in der dich jemand gelobt hat. Was hat er oder sie genau gesagt? Wie hast du dich dabei gefühlt?)
5. Was unterscheidet dich von anderen Menschen?
6. Wo bist du richtig gut (im Studium und privat)?
7. Wie fühlst du dich, wenn du völlig mit dir zufrieden bist? Wie fühlt es sich genau an? Was möchtest du dann am liebsten machen? Welche Farbe könnten diese Momente haben?
8. Schreibe ganz spontan alle guten Eigenschaften auf, die du hast.
9. Woran merkst du, dass andere dich wirklich gern haben oder mögen?
10. Worauf kannst du stolz sein?
11. In welchen Momenten magst du dich selbst besonders? Woran merkst du, dass du dich selbst magst?

Bewerte dich bezüglich der folgenden Fähigkeiten (manche nenne sie „Intelligenzen“) (von 1 bis 10, 1 = sehr schwach – 10 = hervorragend)

a) emotionale Fähigkeiten (Umgang mit den eigenen Gefühlen) _____

b) Beziehungsfähigkeit (Beziehungen aufbauen und halten) _____
c) räumliche Fähigkeiten (räumliches Denken) _____
d) musische Fähigkeiten (auch die Fähigkeit, Stimmungen aufzubauen) _____
e) persönliche Fähigkeiten (über sich selbst nachdenken) _____
f) kinästhetische Fähigkeiten (Gefühl für Bewegungsabläufe) _____
g) „normale" Intelligenz (allgemein als Intelligenz bezeichnet) _____

Erstelle ein Mindmap über dich selbst; um einen Kreis herum, in dem dein Name steht. Die Zweige können z.B. Stärken, Schwächen, Fähigkeiten, Werte, Erfahrungen, Ziele, Eigenschaften usw. sein.

Wir können unsere Erfolgserwartungen verbessern, indem wir positiv und voller Energie mit uns selbst wie mit einem besten Freund oder einer besten Freundin sprechen. Diese positiven Affirmationen können in Ich- oder Du-Form sein. Neuere Forschungsergebnisse deuten darauf hin, dass die Du-Form wirkungsvoller ist.

ÜBUNG

Denke dir doch einfach stärkende Affirmationen für dich selbst aus und probiere einfach, welche Form dich am meisten stärkt. Wie z.B.:
„Ich schaffe das!"
„Du bist schlau!"
„Statistik macht mir Spaß!"
„Du lernst voller Leidenschaft!"
„Ich bin ruhig und selbstsicher!"
„In der Klausur fällt dir alles ein, was du gelernt hast!"
„Du kannst das!"
„Ich gebe mein Bestes!"

5.3 Attribution: Der Schlüssel zur Leistung

Nehmen wir an, du hattest dir für heute vorgenommen zu lernen, hast kurz angefangen und dann stattdessen stundenlang gesurft und gechattet. Abends liegst du im Bett und denkst über den Tag nach. Wie begründest du das Verhalten vor dir selbst? Ist der saublöde Stoff viel zu schwer? Das Vorlesungsskript total unübersichtlich? War es heute wichtiger, die Freundschaften mal wieder zu pflegen? Warst du heute super undiszipliniert? Oder ist der Prof so bescheuert, dass man echt keine Lust auf das „Fach" hat? Oder kann man „das" einfach nicht? Die Begründungen, die wir für unsere eigenen Erfolge oder Misserfolge finden (Attributionen), sind elementar wichtig, da sie die folgende Lernmotivation entscheidend beeinflussen.
Die Forschungen zur Leistungsattribution befassen sich demnach mit den „wahrgenommenen Ursachen von Leistungsergebnissen" (Weiner 1994, S. 270) – also mit dem „Warum?" eines Erfolgs oder Misserfolgs sowie mit den Fragen, welche

Attributionen zielführend für den Erfolg und welche behindernd auf die eigene Entwicklung wirken. Weiner unterscheidet hier zwei Hauptdimensionen, die Lokation (Ort) und die Stabilität.

Zum Ort: Liegt die Ursache des Erfolgs oder Scheiterns in der eigenen Wahrnehmung innerhalb (internal, es liegt in mir) oder außerhalb (external, es liegt am Umfeld) der eigenen Person? Internal ist die Begründung, wenn die Leistung z.B. auf die eigenen Fähigkeiten, Stimmungen, Anstrengung zurückgeführt wird (z.B. „Ich war heute einfach nicht in Lernlaune!"). Externale Attributionen beziehen sich auf äußere Einflüsse, wie etwa Aufgabenschwierigkeit oder Zufall („Der Stoff ist viel zu schwer!").

Zeitliche Stabilität: Ist die Ursache stabil (dauerhaft, immer so... „Ich kann das eben nicht!" „Ich war noch nie gut in ...!") oder variabel (vorübergehend, nur dieses Mal, „Ich hatte heute wirklich keine Zeit zum Lernen!")?

Aus den beiden Dimensionen ergibt sich ein Vierfelderkreuz:

	Lokation	
Stabilität	internal	external
stabil	Fähigkeiten	Aufgabenschwierigkeit
variabel	Anstrengung, Stimmung, Müdigkeit, Krankheit	Zufall

Tab. 3: Attributionen (vgl. Weiner 1994, S. 270)

Eine dritte Dimension liegt hinter diesen beiden Dimensionen: die *Kontrollierbarkeit.* Während die Ursachenzuschreibung „Ich kann Statistik einfach nicht!" internal, stabil und durch den Sprechenden nicht zu kontrollieren ist, zeigt beispielsweise die Begründung „Ich habe mich durch die Arbeit an der Stochastik in den letzten Monaten verbessert!" internale, stabile und kontrollierbare Momente, da die/der Sprecher/in sich selbst die Kontrolle über die Situation zuschreibt – was motivationsfördernd wirkt.

Negative (pessimistische) Attributionsstile sind tendenziell bei negativen Ereignissen eher internal und stabil: „Ich konnte Mathe noch nie!", „Ich bin einfach zu blöd/unbegabt/unfähig... dafür" usw. So wird auch für die Zukunft kein Erfolg erwartet und das Selbstwertgefühl ist im Keller, weil man ja handlungsunfähig ist und bleiben wird („einfach zu blöd...").

An dieser Stelle können wir schon mal festhalten, dass, *egal wie die Umstände sind, es wichtig ist, das Gefühl zu behalten, die Situation ändern zu können*. Nicht die Umstände machen mich so, sondern ich habe es in der Hand, meine Leistung zu schaffen. Es geht hier also um den Kontrollpunkt – den „locus of control", den wir in unserem Leben und Leisten nicht aus der Hand geben sollten.

Also: Wichtig ist es, die eigenen Attributionen zu erkennen und die Kontrollierbarkeit der Leistungssituation in den Vordergrund zu stellen: *Die Fähigkeit bzw. Unfähigkeit sollte nicht als gegeben hingenommen werden, sondern als durch Anstrengung veränderbar*. Studierende überschätzen meist die „Fähigkeit" als festgeschriebene Determinante. Leistung und Anstrengung zur Veränderung der eigenen Fähigkeiten werden hingegen in der Regel unterschätzt.

ÜBUNG

Um negative Attributionsmuster zu ändern, die eigene Handlungsfähigkeit zu betonen und uns selbst damit zu aktivieren, sollten wir:

- die Attributionen auf die variablen und kontrollierbaren Faktoren Anstrengung und Strategienutzung (z.B. Lernmethoden, Lernzeit) zurückführen
- Fähigkeit auf erlernbares Wissen und erlernbare Fertigkeiten zurückführen und damit auf das Erlernt-werden-können fokussieren
- Uns selbst beibringen, Verantwortung für unsere Misserfolge zu übernehmen, indem wir sie auf (mangelnde) Anstrengung oder Lernstrategienutzung attribuieren
- Uns immer wieder daran erinnern, Erfolge auf Anstrengung zurückzuführen, denn Anstrengung ist internal, kontrollierbar und variabel.

Zahlreiche wissenschaftliche Untersuchungen widmen sich den Attributionsmustern von leistungsstarken und weniger leistungsstarken Lernern sowie deren Folgen. Hier ein Auszug:

Leistungsstarker Studierender:

Ergebnis der Klausur	Begründung der/des Studierenden	Folgen der Begründung
erfolgreiche Klausur	Begründung: „Ich bin gut in xy"/ „Ich habe gut dafür gelernt" (sucht Begründung in sich selbst, internal)	Folgen: sehr hohe Erwartungen an sich selbst und damit wahrscheinlich auch weiterhin erfolgreich

Ergebnis der Klausur	Begründung der/ des Studierenden	Folgen der Begründung
schlechte Klausur	„Ich dachte, ich hätte das verstanden und habe nicht genug für die Arbeit gelernt." sucht Begründung in sich selbst (internal), aber dieser Misserfolg ist eine Ausnahme, weil sie/er sich ja beim nächsten Mal anders verhalten kann.	hohe Erwartungen an sich selbst – hohes Selbstvertrauen für die nächste Arbeit, für die sie/er mehr lernt

Tab. 4: Attributionen Leistungsstarker Studierender (in Anlehnung an Alderman 2008, S. 37)

Leistungsschwacher Studierender:

Ergebnis der Klausur	Begründung der/des Studierenden	Folgen der Begründung
erfolgreiche Klausur	z.B. „Ich hatte eben Glück" oder „Die Klausur war leicht" sucht Begründung nicht in sich selbst (external und unveränderbar, weil man ja auf das „Glück" keinen Einfluss hat)	wenig Selbstvertrauen auch in der nächsten Klausur
erfolgreiche Klausur	„Ich habe viel dafür gelernt!" Sucht Begründung in sich selbst (internal und veränderbar, weil sie/er das ja auch beim nächsten Mal so tun kann)	wachsendes Selbstvertrauen – Hoffnung auch für die nächste Klausur

Ergebnis der Klausur	Begründung der/des Studierenden	Folgen der Begründung
schlechte Klausur	„Ich bin einfach blöd!" Sucht Begründung in sich selbst (internal und unveränderbar, weil „Blödheit" nicht zu verändern ist – was aber nicht stimmt!)	sehr geringes Selbstwertgefühl; denkt, sie/er kann sowieso nichts ändern und braucht es deshalb auch für die nächste Klausur gar nicht erst zu versuchen
schlechte Klausur	„Bisher war ich echt etwas faul. Aber ab heute werde ich richtig loslegen!" Sucht Begründung in sich selbst (aber veränderbar, weil sie/er ja nun was ändern kann)	wachsendes Selbstvertrauen, ändert ihre/seine Einstellung zur Vorbereitung

Tab. 5: Attributionen Leistungsschwacher Studierender (in Anlehnung an Alderman 2008, S. 37)

Erkläre deine Erfolge oder Misserfolge so, dass dir die Erklärung weiterhilft. Denke z.B. an eine erfolgreiche Klausur oder ein gutes Hausarbeitsergebnis. Wie hast du den Erfolg bisher begründet? Wie erklären leistungsstarke Studierende ihren Erfolg? Gibt es Unterschiede in deiner und ihrer Begründung? Finde eine oder mehrere wahre Erklärungen für deine letzte erfolgreiche Klausur oder Hausarbeit im Stil einer/eines leistungsstarken Studierenden.

TIPP

Begründe in Zukunft immer so, dass du Erfolge deiner Arbeitsleistung zuschreibst und auch im Misserfolgsfall den locus of control in dir hältst, um die Situation beim nächsten Mal ändern zu können. Finde bei Erfolgen die Ursache in dir selbst, gehe bei Misserfolgen davon aus, dass du die Situation positiv verändern kannst.

6. Rückenwind: die richtigen Leute

Suche dir motivierte Leute – das ist der schnellste Weg zum Erfolg. Denn wir werden so, wie die Menschen mit denen wir uns umgeben. Die Menschen und Gruppen, mit denen du zu tun hast prägen mit der Zeit die Person, die du wirst: Wir nehmen die Essgewohnheiten, die Trinkgewohnheiten, die Freizeitgewohnheiten und auch die Lerngewohnheiten von den Menschen an, die uns umgeben. Und natürlich auch deren Studienaspiration und Karriereobsession.

6.1 Menschen, wie du sein willst

Wenn Menschen mit einem Entwicklungsbedürfnis verstärkt Menschen aufsuchen oder in Gruppen gehen, in denen der Wandel möglich zu sein scheint, wird das Wandlungspotenzial wahrscheinlich aktiviert: So wie für Menschen, die ihre Gesundheit verbessern wollen, das Zusammensein mit anderen gesundheitsbewussten Menschen oft der stärkste und direkteste Weg zum Wandel ist, so ist auch für Studierende, die motiviert studieren wollen, das Zusammensein mit anderen motivierten Studierenden oft der direkteste Weg. Wenn du oft mit Menschen zusammen bist, die hohe Ziele haben und ernsthaft an deren Verwirklichung arbeiten, übernimmst du wahrscheinlich denselben inneren Modus für ernsthafte Entwicklung. *Umgib dich mit Menschen, die sind, wie du einer sein willst und es ist viel leichter, das zu tun, was du tun solltest.* Das alles wissen wir aus der Forschung zu „peers" – also der Bezugsgruppenforschung. Aber seit einigen Jahren wissen wir nun auch, warum das so ist: Es liegt nicht nur am „Lernen am Modell", es liegt besonders an der emotionalen Ansteckung.

6.2 Emotionale Ansteckung: Rückenwind

Wir stehen mit unseren Emotionen selten allein da; vielmehr stecken wir uns an den Menschen, die uns umgeben, emotional an. Charles Dickens wusste das schon vor der Emotionspsychologie: Nichts auf der Welt ist so wundervoll ansteckend, wie schlechte Laune... Ob positives oder negatives Gefühl: Wie uns die Grippe der oder des Geliebten anspringt, so sind es auch ihre oder seine Emotionen. Und nicht nur die Emotionen des oder der Geliebten, sondern die Emotionen aller Menschen, die uns umgeben, können potenziell ansteckend sein, denn wir übertragen Emotionen auf unsere Kommilitonen, Sportfreunde, Arbeitskollegen, Mitbewohner – eben auf unsere Interaktionspartner.
Dass das sogar durch eine Glasscheibe oder beim Fernsehen funktioniert, zeigt eine aktuelle Studie des Leipziger Max-Planck-Instituts für Kognitions- und Neurowissenschaften der Technischen Universität Dresden: Die Forscher Tania Singer und Clemens Kirschbaum ließen Probanden schwierige Kopfrechenaufgaben lösen oder Bewerbungsgespräche absolvieren und die Beobachter im Nachbarzimmer das Geschehen verfolgen. Verblüffend sind die Resultate: 30% der zuvor entspannten Beobachter zeigten eine körperlich messbar erhöhte Konzentration des Stresshormons Kortisol im Blut. Wenn die Beobachter mit den gestressten Probanden gar in einer Paarbeziehung lebten, lag der Anteil noch höher, nämlich bei

40% – und zwar bei Männern und Frauen gleichermaßen erhöht. „Aber selbst wenn der Stresstest nur auf dem Bildschirm flimmerte, reichte das aus, um bei 24 Prozent der Beobachter den Kortisol-Spiegel in die Höhe zu treiben. ‚Das bedeutet, dass selbst Fernsehsendungen, die mich mit dem Leid anderer konfrontieren, den Stress auf mich übertragen können', sagt Engert. ‚Stress hat ein enormes Ansteckungspotential'" (Max-Planck-Gesellschaft, 2014, o. S.).
Letztendlich haben alle Emotionen dieses Potenzial – ob zum Beispiel Freude, Angst, Ärger oder Liebe, Traurigkeit, Begeisterung, Glück oder Motivation: Wir stecken emotional an und lassen uns emotional anstecken. Und auf die Dauer schleifen wir so entsprechende neuronale Netze in unserem eigenen Gehirn ein. Und ohne Glasscheibe dazwischen sicher noch viel stärker...
Vermutlich funktioniert das so: Der Organisationspsychologe Friedemann Nerdinger beschreibt anhand von drei Hypothesen, wie unsere nonverbal ausgedrückten Emotionen (Mimik, Gestik, Stimmlage, Sprechtempo usw.) Einfluss auf den Interaktionspartner haben (Nerdinger 2014). Das Ganze läuft über drei Stadien:

1. Mimikry

Menschen versuchen automatisch und anhaltend ihren Gesichtsausdruck durch unbewusste und automatische Nachahmung mit dem Gesichtsausdruck ihrer Gesprächspartner zu synchronisieren. Wir sehen winzigste Regungen im Gesicht des anderen und ahmen diese nach. Dieses Phänomen wird in der Psychologie als „Mimikry" bezeichnet: Wir ahmen

- die Sprache und das Sprechtempo (verbales Mimikry),
- das Verhalten des anderen (verhaltensbezogenes Mimikry) und eben auch
- die Emotionen (emotionale Mimikry) des anderen nach.

Je ähnlicher unsere Gesichtsausdrücke im Gespräch werden, desto besser läuft es. Es ist ein deutliches Indiz für eine gelungene Interaktion, wenn die Synchronisierung der Gesichtsausdrücke funktioniert. Und evolutionär macht das Sinn: Zwei Gleiche wirken stärker als ein Einzelner.

2. Facial-Feedback – Bewertung

Hat die Synchronisierung eingesetzt, ist es leicht, die eigene Mimik zu bewerten. Wir empfangen also ein Feedback durch die eigene, nachgeahmte Mimik. Unsere Neuronen schicken permanent Rückmeldung über unsere Mimik ans Hirn („Ah, meine Wangenmuskeln sind nach oben gezogen (Musculus zygomaticus) – ich lächele! Ich bin gut drauf!"). Laufend wird so die Stellung der eigenen, nachgeahmten Gesichtsmuskeln unbewusst wahrgenommen und neuronal aufgenommen. So können die zum Gesichtsausdruck passenden Gefühle erlebt werden.

3. Nachempfinden

Durch Synchronisierung (1) und Bewertung (2) ist es nun einfach, die Gefühle des anderen nachzuempfinden.
Dieses Nachempfinden führt oft dazu, dass die Gefühle nicht mehr als die des anderen, sondern als eigene empfunden werden: Ansteckung.
Das macht die Psycho-Hygiene zu einem wichtigen Faktor der Gesunderhaltung: Von welchen Emotionen wollen wir angesteckt sein? Wie lange machen wir es mit, dass uns die Freundin/der Freund am Handy, per WhatsApp oder live fertigmacht? Wie lange tragen wir es mit, dass unsere beste Freundin eine „schlechte Phase" hat, uns damit permanent

mit in ihre Gefühle zieht, professionelle Hilfe aber ablehnt und auch ansonsten nichts Ernsthaftes dagegen unternimmt? Wie lange machen wir das noch mit, dass Hans-Franz träge seine letzte Prüfungschance verpennt und uns mit runterzieht? Und hier hin gehören natürlich auch die Nörgler, Besserwisser, Jammerer, Bedenkenträger, die Schlappen und die Abwertenden.
Letztere wirken besonders lähmend – all die „Freunde“ mit den doofen Sprüchen, die verletzenden, verallgemeinernden, ignoranten Narzissten, die uns immer Mal wieder, so ganz nebenbei, einen „reintun“. Das Internet ist voll davon:

Botschaft „Du bist doof“:
Ich verstehe gar nicht, dass du damit solche Schwierigkeiten hast. Das ist doch ganz einfach!
Na so schwierig, wie Du sagst, ist das doch auch wieder nicht!
Was? Du willst deinen HiWi-Job kündigen? Wie bescheuert kann man eigentlich sein!
Daraus wird nix.
Du hast mit ihr Schluss gemacht? Glaubst du etwa, dass du noch eine Bessere findest?
Besonders entscheidungsfreudig bist du ja nicht.
Ist diese Frage nicht zu banal?
Du kannst nichts, du hast nichts, du bist nichts.
Willst du dir den Tag versauen, musst du in den Spiegel schauen.
Hast du ein Problem mit den Ohren oder liegt das Problem dazwischen?

Botschaft „Du bist faul“:
Aha, plötzlich interessierst du dich doch für die Antike?
Das machst du ja sowieso nicht!
Wenn du vorbereitet wärst, wüsstest du, dass ...
Kannst du auch was zum Inhalt beitragen?

Kein Wunder, dass du dein Studium nicht schaffst, bei deiner Art!

Botschaft „Ich bin toller als du!":
Du bist zu emotional!
Ich ignorier' dich nicht, ich sehe nur keinen Grund, mit dir zu reden!
Ist es so heiß hier drin, oder bin ich das?
Rede ruhig weiter, bis dir was einfällt!
Als Gott mich schuf, wollte er angeben.

Wie auch immer, die Botschaft ist die gleiche: *Du bist nicht okay!* Und dann gibt's da natürlich noch die ungeheuer ermutigenden Sprüche à la „Es ist fast immer schlimmer als du denkst!"
Wie soll man in einem solchen Umfeld positiv, optimistisch und motiviert sein? Wie soll man seine Power bewahren, wenn man ständig mit solchen Killerphrasen beworfen wird? Das Geht kaum. Da muss man schon extrem sozialresistent sein. Es kommt hinzu, dass durch Freunde zugefügte Wunden meist ziemlich tief sitzen... Meist ist unser Umfeld ja nicht so extrem, wie oben angedeutet. Oft sind es ja nur ganz klitzekleine Nebenbemerkungen, ab und zu mal ganz kurz anstechen... Kann ja mal ganz lustig sein, aber lustig ist auch nur das, was der Empfänger der Botschaft als lustig empfindet. Wenn es dir nachhängt, ist es nicht lustig! Vielleicht solltest du dann „Noch so'n Spruch – Nasenbruch!" dagegen setzen, oder auch sehr aufmunternd: „Noch so'n Gag – Zähne weg!" (kleiner Scherz).
Aber jetzt mal ernsthaft: Aus motivationstheoretischer Sicht sind solche abwertenden Beziehungen vollkommen demotivierend, weil sie dein Selbstwertgefühl und deine Selbstwirksamkeitserwartungen untergraben. Deshalb hier nun der radikale Tipp.

TIPP

Löse dich aus abwertenden, energieraubenden Bindungen und lasse sie hinter dir. Wem das zu heftig ist, der kann es ja zunächst Mal mit einem oder mehreren Gesprächen mit dem Freund oder der Freundin versuchen. Oder ihm/ihr dieses Kapitel zu lesen geben. Vielleicht fruchtet das ja...

Insgesamt fällt mir gerade als Fazit dieses Abschnitts nur ein pathetischer Spruch ein, den ich irgendwo gelesen habe: Achte auf deine Freunde, sie sind der Spiegel deiner Seele (!).

6.3 Leistungsmodelle

Es geht darum, wirksame und stärkende Leute zu suchen und zu finden. Und vielleicht finden wir sogar auch Leistungsmodelle. Kein Forscher wird ein großer Forscher ohne befruchtendes Umfeld. Kein Lehrer wird ein großer Lehrer ohne Leistungsmodell. Kein Autor wird ein begnadeter Schreiber, ohne je begnadete Literatur gelesen zu haben. Wir brauchen elektrisierende Modelle für die eigene Entwicklung – Menschen mit Strahlkraft in dem Bereich, in welchem wir uns entwickeln wollen. Wir brauchen so was wie eine Lichtgestalt. Oder weniger pathetisch: Orientierungspunkte, Vorbilder und das können die eigenen Eltern sein (wie 29% der Studierenden angeben), Freunde oder der/die Partner/in (7%), Professoren oder Dozenten (5%) – warum nur 5%?)), Angela Merkel (4%), die Großeltern oder Geschwister (je 3%). Direkt danach rangieren Nelson Mandela, Bill Gates und Steve Jobs.

6.4 Positivitätsquotient: Wer uns gut tut und wer nicht

Wer leistungsstark sein will, kann sich nicht nur mit energetisch Defizitären umgeben. Kann man warmherzige Freundschaften und Partnerschaften aufbauen und halten, hat man hier schon viel gewonnen. Sind diese Beziehungen darüber hinaus auch noch energetisierend – also positiv, unterstützend und motivieren – hat man einen starken Rückenwind für ein wohlbefindliches Leben. Ob wir Rückenwind geben und in unseren Beziehungen bekommen, lässt sich leicht anhand der Art und Häufigkeit der geäußerten Emotionen ablesen, denn *das Verhältnis von positiven zu negativen Emotionen ist ungeheuer aussagekräftig bezüglich der weiteren Entwicklung der Freundschaft, Partnerschaft, der Arbeitsgruppe und des Selbst*.

Menschen brauchen, so die niederländische Psychotherapeutin Fredrike Bannink, ein spezifisches Verhältnis von positiven zu negativen Emotionen, wenn sie sich entwickeln wollen, denn es gibt, „ein ‚Umschlagen' von mangelhaftem oder durchschnittlichem Gelingen zu sehr gutem Gelingen. Man sagt dann, dass jemand *aufblüht.* Dieses Verhältnis bezeichnet man als Positivitätsquotienten. Studien zeigen, dass im Verhältnis zu jedem negativen Gefühl mehrere positive Gefühle notwendig sind, um ein Gleichgewicht zu wahren oder damit einem etwas gelingt" (Bannink 2012, S. 46, Herv. i.O.).

Geht es uns nicht gut, liegt das Verhältnis von positiven zu negativen Emotionen oft bei 1:1 oder sogar noch darunter. Die meisten Menschen liegen bei 2:1 – also schon mehr positive als negative, aber diese Rate reicht für das persönliche Wachstum noch nicht aus. Ideal für unser individuelles Aufblühen läge sie, wie der Mathematiker Losada gemeinsam mit der Emotionspsychologin Fredrickson herausgefunden hat, bei rund 3:1 („Losada-Rate").

In Beziehungen oder Teams werden diese Emotionen verbalisiert oder nonverbal durch Gesten versprachlicht und der

Quotient liegt noch höher: Anhand der Untersuchung der Gespräche von über 60 Arbeitsgruppen in Unternehmen zeigte sich, dass sehr gut funktionierende Teams ein Verhältnis von 5:1 oder sogar 6:1 haben. Diese Teams blühen auf, sind motiviert und produktiv (Losada/Heaphy 2004). Weniger bringt auch weniger. Mehr in Grenzen mehr: Der Punkt, an dem positive Bemerkungen nicht mehr ernst genommen werden, scheint bei einem Quotienten von mehr als 11:1 zu liegen. Und diese Rate gilt nicht nur in Teams, sondern auch in Beziehungen (Fredrickson/Lodada 2005). Anscheinend fehlt dann das negative Regulativ, um die positiven Bemerkungen überhaupt noch wahrnehmen zu können – aber davon sind wir mit durchschnittlich 2:1 eh meist weit entfernt.
Und bei Beziehungen? Der Psychologe Gottman kommt nach jahrelangen Analysen von Partnerschaftsgesprächen zu dem Schluss, dass schlicht das Verhältnis von positiven zu negativen Botschaften die Scheidungsrate bei Ehen über einen Zeitraum von zehn Jahren mit einer Sicherheit von 94% voraussagt. Grundlage bildete die Analyse von 15-minütigen Videomitschnitten von 700 Gesprächen frisch verheirateter Paare. Gottman stellte fest, dass „jeder abweisenden Bemerkung oder Geste fünf positive Bemerkungen oder Gesten gegenüber stehen müssen, wenn eine Beziehung aufblühen soll" (Bannink 2012, S. 47). Für Beziehungen gilt also mindestens 5:1. Raten von 1:1 oder noch darunter deuten auf Beziehungen hin, in denen die negativen Emotionen dominieren und die mit 94% Sicherheit nach zehn Jahren nicht mehr bestehen werden.
Also: Mindestens 3:1 positiven Emotionen zu negativen bei uns selbst und 5:1 oder 6:1 in Arbeitsgruppe und Beziehungen – ansonsten herrscht da wenig Entwicklungsenergie.
Was sagen wir uns also selbst? Welche Emotionen sind bei uns vorherrschend? Und wie ist die Qualität unserer derzeitigen Beziehungen?

ÜBUNG

Wie ist der Positivitätsquotient, die Losada-Rate, zwischen dir und deinen besten Studienfreunden, innerhalb deiner Lern- oder Arbeitsgruppe oder zwischen dir und deinen Freunden? Welche Emotionen herrschen in deinen Beziehungen, Arbeits- und Lerngruppen? Wo also sind positive, motivierende Kontexte, wo können wir die Beziehungen positiv verändern und aus welchen sollten wir uns besser mehr oder minder unsanft verabschieden, um unsere eigene Wachstumsenergie zu schützen?

Um unsere eigene Entwicklung, unsere Motivation und unser kognitives, emotionales und soziales „Aufblühen", das unserer Arbeitsgruppe, Lerngruppe (des „Teams") oder des Seminars zu ermöglichen, liegt es nahe, unsere negativen Gefühle, Bemerkungen und Gesten zu verringern, und uns gegenseitig zu unterstützen, sodass sich positive, wertschätzende, aktivierende Gefühle, Bemerkungen und Gesten in Gesprächen entfalten können. Denn so wird Motivation frei und Wachstum möglich.

6.5 Motivationsdroge Mensch

Der Mensch ist des Menschen Akku, Sonne, Vitalkraft. Der Mensch motiviert den Menschen. Der Mensch ist für den Menschen eine der stärksten Motivationsdrogen und die Sehnsucht nach der unterstützenden Nähe anderer Menschen ist so stark, dass die US-amerikanischen Psychologen Edward Deci und Richard Ryan in zahlreichen empirischen Studien nachweisen konnten, dass die sozialen Bedingungen, in denen ein Mensch lebt, die Grundlage aller motivationaler Prozesse ist: Sind die sozialen Bedingungen fruchtbar, stützend, so Deci/Ryan, wirkt eine Umgebung, in welcher sich ein Mensch als kompetent, autonom und sozial eingebunden erlebt, motivierend. Das heißt also: Soziale Bedingungen müssen fruchtbar und stützend sein! Das vor allem anderen. Kommen dann Kompetenzerleben, Autonomieerleben und soziale Eingebundenheit hinzu – umso besser für die Motivation. Fehlt aber schon das fruchtbare, stützende Umfeld – oh je! Denn, so die Autoren, die sozialen Bedingungen können das Bestreben nach Autonomie, Kompetenz und sozialer Eingebundenheit unterstützen oder verhindern (Deci/Ryan 1993, S. 236). Stimmen die sozialen Bedingungen, so werden die drei Grundbedürfnisse, die nach Befriedigung drängen, aktiv und setzen dadurch hohe intrinsische und extrinsische Motivation frei.

Was für soziale Bedingungen brauchen wir also in unserem Umfeld? – Fruchtbar, stützend, ja, also brauchen wir Menschen, die uns Wertschätzung geben, einen freundschaftlich-humanistischen Geist der Annahme und Akzeptanz, sozialen Zusammenhalt auch in schlechten Zeiten, positive Arbeitshaltungen in Arbeitsgruppen, Teams und Lernpartnerschaften, die mit hohen Losada-Raten als lebendige Lern- und Leistungsgemeinschaften wirken, Lob und Anerkennung geben, Menschen, die uns kognitiv, emotional und sozial stimulieren, Zuversicht und hohe Leistungserwartungen verströmen. Und sozial eingebunden fühlen wir uns besonders, wenn wir sozial wahrgenommen werden – wenn jemand merkt, dass wir sind. Dass wir *da* sind. Dass wir gut sind.

Wir merken, dass wir gut sind, wenn wir wahrgenommen werden: Joachim Bauer, der Neurowissenschaftler, bringt es auf den Punkt: „Was die Motivationssysteme des menschlichen Gehirns aktiviert, sind Beachtung, Interesse, Zuwendung und die Sympathie anderer Menschen. Dies bedeutet: Es gibt keine Motivation ohne zwischenmenschliche Beziehung". Es geht dabei um die Herstellung eines Botenstoff-Cocktails, der uns Vitalität und Motivation fühlen lässt (vgl. Bauer 2009). Vitalität – also Lebensenergie –, also Wohlbefinden. Wahrnehmung macht demnach mit uns, dass wir gut drauf sind und was schaffen wollen. Und hier wird klar, wie es um unsere sozialen Bedingungen steht: Haben wir Menschen in unserem Umfeld, die uns Beachtung, Interesse und Zuwendung entgegenbringen? Spüren wir deren vorbehaltlose Sympathie? Das ist der Nährstoff, aus dem Vitalität und Motivation erwachsen.

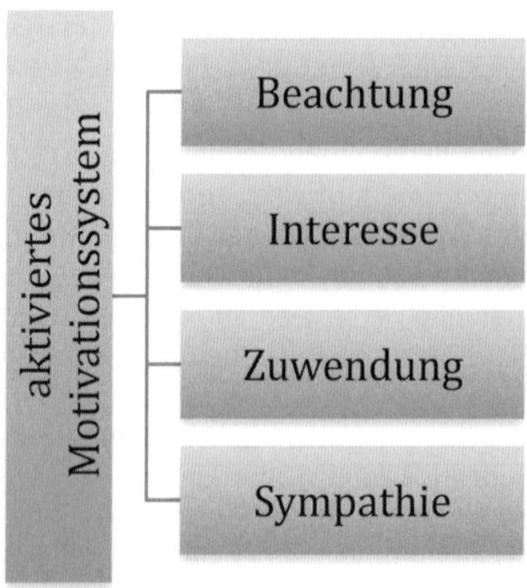

Abb. 11: Aktivierung durch andere Menschen (in Anlehnung an Joachim Bauer 2009)

Und den können wir den Eltern, Geschwistern, Freunden, Partner/innen zurückgeben: Ob Kind, Jugendlicher oder Erwachsener – nehmen wir jemanden intensiv wahr, springt er oder sie höchstwahrscheinlich an. Emotional und motivational. Das ist es, was auch beim Verlieben passiert, wenn sich die Partner/innen permanent ansehen. Lebendig und motiviert macht die Motivationsdroge Mensch.

6.6 Wie man wertschätzt

Wahrnehmung und Wertschätzung sind also die starken motivationalen Drogen in sozialen Kontexten. Und weil sie so wichtig sind, werfen wir hier mal einen Blick auf diese unterstützenden Momente. Wie macht man das: wahrnehmen und wertschätzen?

- *Kurze Kommentare:* wie „tolles Gespräch", „ich finde, das Referat hast du super ausgearbeitet", „danke, für deine tolle Unterstützung", „was für eine spannende Frage" usw. Ich versuche in meiner Partnerschaft und meinen Freundschaften, aber auch bei vertrauten Arbeitskollegen einfach das zu sagen, was mir positiv auffällt. Ob Schuhe, Schmuck, Verhalten, Formulierungen – was auch immer: Einfach sagen (Vorsicht nur bei Hierarchien: Positive Kommentare und Lob werden innerhalb der Hierarchie oft nur geschätzt, wenn sie „von oben nach unten" gehen – in umgekehrter Richtung fühlen sich viele Chefs deutlich unwohl...).
- *Nichtsprachliche Wertschätzung: Blickkontakt, bestätigendes Nicken, interessierte, erstaunte oder verwunderte Blicke.* Beide Formen der Anerkennung steigern die Wachheit des Gegenübers und wirken als Entwicklungsverstärker.
- Will man ein *explizites Lob* formulieren, wirkt das Lob insbesondere, wenn es auf Handlungen und Verhalten jenseits *des Selbstverständlichen zielt.* Dieses „Selbstverständliche" *hängt natürlich vom jeweiligen Leistungsvermögen ab.*

Willst du die Qualität deiner Beziehungen (neben der Losada-Rate) mal intensiver betrachten, oder die Beziehungsqualität verbessern, so steht dir dazu ein deutlicher Indikator zur Verfügung: Shelly Gable (2006) wies in zahlreichen Untersuchungen nach, dass die Qualität einer Beziehung sich besonders in der *Reaktion auf das Erzählen von Erfolgserlebnissen oder anderen positiven Erlebnissen zeigt*, denn die Reaktion kann die Beziehung aufbauen oder untergraben. Seligman schlägt daher vor, aktiv und konstruktiv zu reagieren, wenn Gesprächspartner von Erfolgen berichten und somit die Beziehung zu stärken. Aktiv-konstruktiv heißt:

- Ausschau nach erfolgreichen, guten Ereignissen des anderen halten
- aufmerksam zuhören, wenn uns jemand etwas Gutes erzählt, das ihr/ihm passiert ist
- aktiv und konstruktiv reagieren (Blickkontakt, offene Körpersprache, Ereignis durch Fragen verstärken)
- uns viel Zeit für das Wiederholen des positiven Ereignisses nehmen (einsilbiges Antworten vermeiden)

ÜBUNG

Auch wenn das jetzt etwas übertrieben lang klingt: Für denjenigen, der das positive Erlebnis hatte, kann es nichts Schöneres geben als sich der Sache noch mal ganz hinzugeben. Lass dir positive Ereignisse anderer erzählen und freue dich daran.

Es wird erzählt, dass das Wohlbefinden enorm steigt, wenn man auch nur einen einzigen Menschen hat, der einen unterstützt, den man nachts anrufen kann, wenn man jemanden zum Reden braucht. Ob das empirisch nachgewiesen wurde, weiß ich nicht, aber es scheint plausibel.

Und wenn du mehrere davon hast oder kennenlernen willst, kannst du ja eine Mastermind-Gruppe mit erfolgreichen Menschen gründen, die sich regelmäßig treffen, Informationen teilen und sich gegenseitig beim Erreichen ihrer Ziele unterstützen, indem sie sich gegenseitig herausfordern, helfen und brainstormen. Wirksam ist auch, sich in der Mastermind-Gruppe in regelmäßigen progress reports gegenseitig die Fortschritte vorzustellen und so über sich selbst hinauszuwachsen.

7. Durchschlagkraft und Schaffensrausch

Die Kraft des Erfolgs liegt im Maß der mentalen Konzentration und zeitlichen Ausdehnung dieses Zustands. Konzentration fördert das Flow-Erleben, welches als optimale Leistungserfahrung euphorisierend wirkt.

7.1 Brennpunkt Konzentration

Nehmen wir mal an, du musst um 10:15 Uhr im Seminar sein und ein Referat halten. Du wachst um 7:30 Uhr auf, springst unter die Dusche, putzt die Zähne, stellst fest, dass dein Lieblingshirt einen Fleck hat, fängst an, ihn auszuwaschen, föhnst die Stelle trocken, hast kein frisches Brot mehr, toastest einige Scheiben Vollkorntoast, putzt derweil noch kurz über den vom Vorabend verdreckten Herd, suchst deine Strümpfe, fütterst deine Katze oder gießt die Blumen, suchst deinen Presenter für die Powerpoint-Präsentation, ordnest noch kurz deine Rechnungen auf dem Schreibtisch, stellst fest, dass der Müllsack voll ist, gehst aus dem Haus, nimmst den kleinen Umweg zum Müllcontainer in Kauf, quatscht noch kurz mit dem netten Nachbarn über den Putzdienst in dieser Woche usw. usw.

Gut, vielleicht ist die Geschichte etwas überzogen, aber so oder ähnlich verhalten sich Viele im Bezug auf ihre Lebensziele: Sie konzentrieren ihre Energie nicht auf die Zielerreichung, sondern diffundieren sie auf unterschiedliche kurz- oder langfristige Ziele, Interessen, Anforderungen, Vorlieben, Dringlichkeiten und spontane Impulse.

Die Konzentration auf ein Ziel bringt jedoch absolut starke Effekte. Oder, wie angloamerikanische Motivationsgurus immer wieder betonen: *Where focus goes, energy flows*. Und Recht haben sie! Etwas wird bedeutend, weil wir unsere Aufmerksamkeit darauf richten.

Die Durchschlagkraft der Fokussierung kann man ganz leicht an physikalischen Phänomenen beobachten: Das Blatt Papier sieht nach einem ganzen Sommer in der Sonne vielleicht leicht gelblich aus, halten wir aber nur kurz eine Lupe auf ein Blatt Papier und konzentrieren somit den Lichtstrahl, brennen wir innerhalb von Minuten ein Loch hinein. Oder nehmen wir den Gartenschlauch: Die aufgesetzte Diffusionsdüse besprenkelt das Beet locker, der konzentrierte Strahl sprengt hingegen wunderhübsche Löcher in den Vorgarten. Konzentration produziert starke Effekte.

TIPP

Gehen wir von unserem begrenzten Maß an energetischen und zeitlichen Ressourcen aus, können wir aufgrund von Plausibilitätsannahmen sicher annehmen, dass der Erfolg der Konzentration folgt. Erfolgreich werden wir, indem wir uns auf möglichst wenige Ziele fokussieren und diese zeitlich und mental konzentriert verfolgen. Deshalb ist Multi-Tasking ein saublödes Verhalten, wenn man erfolgreich sein will. Entscheide dich für „Mono-Tasking".

In einem kleinen Dorf an der Ostsee hatte ich vor einigen Jahren eine einmalige wissenschaftliche Zeit: An der Universität Münster hatte ich eine Assistentenstelle inne und wissenschaftlich ging es viel zu langsam voran... Irgendwann packte ich in Münster eine Kiste mit Büchern und Artikeln zusammen, verfrachtete sie zusammen mit meinem Hund,

Nike, in mein relativ fahrtüchtiges Auto, und fuhr Richtung Norden in die Nähe von Rostock auf den Dars, eine kleine Halbinsel. Wir (Kiste, Hund, Laptop) verbarrikadierten uns in einer kleinen Pension und hatten herrliche Wochen: Morgens schlief ich aus, ging einige Zeit mit Nike am Meer entlang, zum Leuchtturm oder durch die Dünen, kam nachmittags zurück in mein Zimmer, trank Kaffee und setzte mich dann sauerstoffdurchströmt an den kleinen Schreibtisch, um Stunde um Stunde Texte zu lesen, zu exzerpieren, zu schreiben. Die Tasten flogen. Abends gingen Nike und ich in so eine Art Seemannskneipe, aßen lecker und gingen dann wieder in das Zimmer für die nächste Runde Wissenschaft. Nike lag glücklich im Ohrensessel, ich saß locker am Schreibtisch. Las und schrieb. Stunde um Stunde verging und manchmal dämmerte der Morgen schon, bevor ich froh ins Bett fiel. Lesen, schreiben, Hund und Meer – mehr war nicht notwendig, denn es gab keine Not zu wenden. Es war die vollkommene Vertiefung in das, was mir wichtig war. Ich blieb fast drei Wochen und als ich den Rechner am letzten Abend schloss, hatte ich das Riesenthema im Griff und den größten Teil der Grundlagenliteratur dazu exzerpiert und kommentiert im Kasten. Was für ein Schaffensrausch – was für ein Glück!

Sich vollkommen in eine Sache zu vertiefen, bringt tatsächlich ein ungeheures Glücksgefühl. Quälend ist nur die Flatterhaftigkeit. Das oberflächliche Gekratze. Das oberflächliche Geplänkel mit den Dingen; mit den Inhalten. Das ist es, was wissenschaftliches Arbeiten zur Qual macht: Man kapiert nichts, man kratzt hier und da ein bisschen, springt auf und macht was anderes. Und das andere bringt auch wieder nur wenig Spaß, weil das schlechte Gewissen nagt. Freudlos ist das.

> **TIPP**
>
> Deshalb hier mein ultimativer Hinweis: Wenn du im Studium glücklich sein willst, vertiefe dich in deine Studieninhalte so sehr, dass es dich glücklich macht. Wenn du es bis zu dem Punkt geschafft hast, kommt dir eine stark energetisierende Welle entgegen, die dich durchs Studium trägt. Das passiert, wenn du dich fokussierst; Glück ist ein Überwindungslohn.

Natürlich können wir nicht immer mit Sack und Hund ans Meer fahren, um wissenschaftlich zu arbeiten, aber wir können im Alltag phasenweise alles andere ausblenden und Rückzugs-Meer-Stunden am Schreibtisch einrichten: Handy aus, Mailprogramm aus, Telefon aus, Ruhe, vollkommenes Einlassen auf die Aufgabe. Sich vertiefen, Raum und Zeit vergessen, zu sich kommen und mit viel Zeit in den Stoff tauchen – und das möglichst häufig. Das war schon das Siegesrezept des Homo Sapiens, der sich gegen andere menschliche Primatenstämme durchsetzte: Vermutlich konnte er sich wegen der günstigen Umweltbedingungen Zeit nehmen, seine Sprache und seine Waffentechnik zu entwickeln und zu lernen, Feuer zu entfachen und zu bändigen. *Zeit ist die Währung der Evolution – wenn man mehr Zeit hat, kann man eine Sache öfter tun und besser darin werden. Je mehr Zeit man auf eine Sache verwendet, desto besser wird man.*

7.2 Alles fließt: die optimale Leistungserfahrung

Was ich gerade beschrieben habe, ist der Flow-Zustand: Diese erstrebenswerte, glücksbringende Leistungserfahrung, die so viele Computerspieler machen: ackern, üben, trainieren wie verrückt, um in fiktiven Welten noch besser ballern, be-

siedeln, aufforsten, abbrennen, fremdgehen zu können – und das Stunde um Stunde, Nacht für Nacht, ohne zu merken, was ihre Partnerin tagsüber so treibt. Wie machen die das eigentlich, die Spieleentwickler? Wie kriegen die uns zu so etwas? Zu solch wahnsinnigem Lern- und Entwicklungswillen?
Der wichtigste Teil der Antwort heißt hier wohl wirklich Flow. Dieser spektakuläre Zustand der Selbstvergessenheit – dieses Außersichsein, sich ganz und gar dieser einen Sache widmen, im Moment aufgehen, produktiv, energiegeladen und schließlich glücklich sein. Und das passiert eben beim Computerspielen, Planen, Schreiben, Forschen, Joggen, Musizieren usw. Selbstvergessen macht man immer weiter und weiter. Und fühlt dann später dieses befriedigende Gefühl: Oh, wie toll war das denn...
Entdeckt und federführend erforscht hat diesen dichten emotionalen Zustand der US-Forscher mit dem wilden Namen, den jeder kennt und kaum jemand nennt: Mihaly Csikzentmihalyi (gesprochen: »Mihai Tschik-sent-mihai«). Er veröffentlicht 1990 seinen bahnbrechenden Band: „Flow – The Psychology of Optimal Experience" (Csikzentmihalyi 1990) – die optimale Erfahrung. Er beschreibt darin erstmals die Erfahrungen von Menschen, die eine Sache um ihrer selbst willen tun und dabei völlig selbstvergessen trainieren, arbeiten, üben: Sportler, Musikern, Schachspieler u. a. Im Laufe der Jahre befassten sich weltweit immer mehr Forscher mit diesem Phänomen und inzwischen wissen wir genau, wie es entsteht, und, was noch viel wichtiger ist – wie wir es provozieren können.
Um Flow bei unserer momentanen Aktivität zu erleben, braucht es das hier:

- Was wir tun, ist herausfordernd für uns – aber wir haben das Gefühl, dass wir in der Lage sind, es zu schaffen. („Diese Aufgabe ist wirklich schwer, aber ich kann das hinkriegen!")
- Die Aktivität hat ein Ziel. Unser Ziel ist vollkommen klar und die Tätigkeit hat ihr Ziel in sich selbst (ist autotelisch)

– nicht in externen Belohnungen. („Diese Aufgabe ist super spannend – ich will sie lösen!")

- Wir bekommen unmittelbar Rückmeldung darüber, wie wir das machen – durch die Aktivität selbst oder durch ein Rückmeldesystem. („Je mehr ich dazu lese, desto mehr verstehe ich. Gestern habe ich fast noch gar nichts verstanden, heute stehe ich schon im Stoff und es geht viel besser.")
- Wir sind ganz eins mit dem, was wir tun (hoch konzentriert). („Ich habe überhaupt nicht gemerkt, wie die Zeit vergeht!")

Wer im „Flow" ist, geht demnach völlig in seiner Tätigkeit auf, vergisst sich selbst und die Zeit, erlebt sich selbst als vollkommen aufgesogen – euphorisiert von dem, was er tut. Und die Belohnung ist groß: Das Flow-Erleben bringt positive Emotionen mit sich, führt zu persönlichem Wachstum, sorgt dafür, dass wir auch bei schwierigen Tätigkeiten „dranbleiben" und entwickelt unsere Fähigkeiten und Kompetenzen. Darüber hinaus steigert es die Hingabe zum Lernen, Studienerfolg, körperliche Gesundheit und verbessert das Selbstwertgefühl (Grenville-Cleave 2012, S. 39). Eine Glücksdroge sozusagen. Eine Glücksdroge, die uns evolutionstheoretisch zur Weiterentwicklung treibt; ein körperliches Belohnungssystem. Mitreißend!

7.3 Flow provozieren

Flow an sich ist jedoch weder gut noch schlecht, weil er bei jeder möglichen Tätigkeit entstehen und auch süchtig machen kann. Toll ist aber: Wir können uns selbst dafür entscheiden, wann wir ihn provozieren und auch in welchem Maße. Die meisten Computerspiele, die heute erfunden werden, „sind speziell so designt, dass sie einen Flow-Zustand im Spieler auslösen. Das schaffen sie dadurch, dass sie immer weiter herausfordernd bleiben, dich permanent mit Feedback in Form von Punkten oder Preisen versorgen – sodass du immer weißt, wie gut du in der Sache vorwärts kommst. Wenn du ein Level geschafft hast, kannst du es herausfordernder machen, indem du auf das nächst höhere Level gehst" (Grenville-Cleave 2012, S. 40, Übers. MB).

Und hier stoßen wir mit elementarer Wucht auf das Grundprinzip, das wir nutzen können, um Flow zu erzeugen: Unsere Fähigkeit muss zu unseren Herausforderung passen:

- Fähigkeit niedrig + Herausforderung hoch = Überforderung, Stress, Angst (Meine erste Hausarbeit: Ich weiß überhaupt nicht, wie man wissenschaftlich schreibt und was der Prof erwartet...). Konsequenz: Prokrastination, Vermeidung, Aufschub, Abbruch...
- Fähigkeit hoch + Herausforderung niedrig = Unterforderung, Routine, Langeweile (Mein drittes Referat zu xy – super langweilig, hab ich alles schon mal gelesen...). Konsequenz: Prokrastination, Vermeidung, Aufschub, Abbruch...
- *Fähigkeit + Herausforderung auf ähnlichem Niveau = Flowerleben möglich.* Wenn Fähigkeit und Herausforderung gemeinsam steigen, vergrößert sich der Flowbereich. (Das nächste Kapitel in der Hausarbeit ist zu xy. Dieser eine, neue Aspekt ist schwierig, aber das schaffe ich schon. Dazu weiß ich schon einiges; bin gespannt ...). Konsequenz: eher freudiges Arbeiten, evtl. Flowerleben.

Das ist also der Kern des Geheimnisses: Flow entsteht genau in dem Bereich zwischen Unterforderung (Langeweile) und Überforderung (Angst).

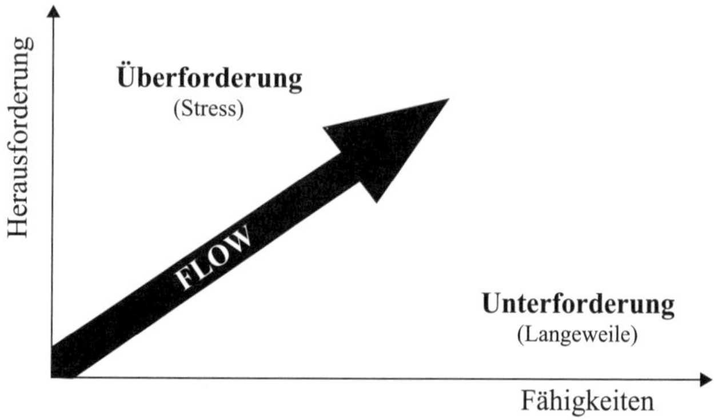

Abb. 12: Flow

Wenn die Aufgabe zu anspruchslos ist, weil wir nichts Spannendes daran finden und wir sie z.B. schon dutzende Male gelöst haben, sind wir dem glücksbringenden Arbeiten genauso fern, als wenn wir total überfordert zu viel Neues auf einmal bewältigen sollen. Es geht also darum, die Herausforderungen genau dazwischen anzusiedeln, also auf einem solch hohen Niveau, dass sie noch durch die vorhandenen Fähigkeiten geschafft werden können.
Und so können wir für uns selbst das Herausforderungsniveau erhöhen oder absenken, um das Flow-Erleben wahrscheinlicher zu machen und uns selbst zu motivieren:

TIPP

Wenn die Herausforderung zu hoch ist – also die Aufgabe zu schwierig – können wir das Anforderungslevel reduzieren. Zerlege dann die Aufgabe in kleine Teilziele oder erhöhe das Fähigkeitslevel.

Eine Hausarbeit zu schreiben kann beispielsweise eine viel zu große Sache sein. Aber drei Texte zum Thema lesen und dann ein einziges, kleines Kapitel über diese drei Texte schreiben – das schafft man! Das heißt also: Immer wenn du einen riesigen Berg voll Schwierigkeiten vor dir siehst, reduziere das Anforderungsniveau – mach die Sache niedrigschwellig: Kann ich heute diesen einen Text lesen und exzerpieren? Ja, das kannst du! *Merke: Schwieriges in kleine Herausforderungen zerlegen! Nur an den kleinen Herausforderungen Stückchen für Stückchen arbeiten*. An anderer Stelle habe ich schon geschrieben, dass ich in meinem Bewusstsein niemals an einem Buch schreibe (das würde mich erdrücken) – ich schreibe immer nur an einem einzigen Kapitel. Und wenn mir das zu schwer erscheint: nur an einem einzigen Gedanken. Merke: Wenn du keine Lust zum Arbeiten hast, winzigen Teil aussuchen und den bearbeiten.
Und im umgekehrten Fall? Du kannst das schon und musst es nur noch irgendwie verschriftlichen (langweilig!)?

TIPP

Wenn dir etwas zu langweilig vorkommt, such dir einfache Wege, um die Aktivität herausfordernder zu gestalten und somit das geforderte Fähigkeitsniveau der Herausforderung zu erhöhen. „Tu sie (die Aktivität) schneller, gegen die Uhr, bevor die Musik zu Ende ist, ohne Pause... Tu sie in umgekehrter Richtung. Unterbinde alle Störungen wie Email, Handy, Zwischenmahlzeit. Tu sie links- (oder rechts-) händig, mit einer Hand hinter deinem Rücken und so weiter. Tu sie im Team (wenn normalerweise alleine getan oder umgekehrt). Tu sie still (wenn normalerweise Musik gehört wird und umgekehrt)" (Grenville-Cleave 2012, S. 43, Übers. MB).

Schön sind auch die Hinweise von Martin Krengel der als „Taktiken gegen ‚Langweiler'" im Internet rät:

- „Zeitdruck aufbauen. Aufgaben werden interessanter, je schneller du sie erledigen willst. Setze enge Zeitlimits. Zum Beispiel max. 20 Minuten zum Aufräumen, eine Stunde fürs Training und zwei Tage Vorbereitung für die Präsentation. Oder stelle dir den Küchenwecker auf fünf Minuten und los: Nun flink Brötchen holen, den Abwasch erledigen, die Anfrage beantworten, Oma anrufen …
- Final Countdown. Zähle die Tage bis zu einer Abgabe rückwärts (rechne dabei Wochenenden heraus). Der Aha-Effekt rüttelt wach: „Noch 20 Tage" klingen dringender als „nächster Monat". Plötzlich wird bewusst, dass jeder ungenutzte Tag ein verlorener Tag ist!
- Termine vorverlegen. Ich lege Abgabetermine absichtlich ein paar Tage oder eine Woche vor, um Zeit zur Überarbeitung zu haben.
- *Jetzt schon Stopp* sagen. Ich sage mir oft: „Um 19:00 Uhr mache ich definitiv Feierabend". Mit derart verbindlichem Ende habe ich keine Zeit, lange zu trödeln (...).
- Urlaub machen. Geht es dir auch so, dass du einen Tag, bevor du in den Urlaub fährst, unglaublichen Tatendrang entwickelst, weil du Dinge zu Ende bringen musst? Ja? Fahre ab und an gedanklich weg. Behandle den Tag als sei es dein letzter Arbeitstag!" (Krengel, o. J.).

Zeitdruck aufbauen ist mein Lieblingszugriff: Das klappt beim Korrigieren von Hausarbeiten (xy Min/Arbeit, Handycountdown und los...), beim Staubsaugen oder Putzen, manchmal gar morgens im Bad. Es ist wie ein Spiel gegen sich selbst und mobilisiert: Text hinlegen, Stift daneben, einschätzen, wie lange man zum Durcharbeiten braucht, davon einige Minuten abziehen, um die Herausforderung zu erhöhen, Countdown im Handy stellen und los!

Und wenn du das nächste Mal zuhause dein Zimmer saugen, den Schreibtisch aufräumen, den Müll raustragen oder das WG-Bad putzen musst – erhöhe einfach die Herausforderung: Lieblingsmusikstück auflegen und gegen dich selbst wetten, dass du fertig bist, wenn das Stück zu Ende ist...

Kanon der Motivation – ein Fazit

Egal, wie dein Leben verläuft; es war nicht wegen der anderen, sondern wegen dir. Das habe ich in der Einleitung zu diesem Band zitiert, und geschrieben, dass du deine Zukunft in starken Anteilen selbst gestalten kannst. Und das kannst du auch, wenn du willst.

Wenn du willst:

- Entscheide dich, motiviert zu studieren.
- Stay open-minded und voller Neugier auf das Wissen der Welt.
- Lege deine Ziele fest, plane deren Verwirklichung und arbeite dich möglichst an jedem Tag etwas weiter vor.
- Wende die Handlungskontrollstrategien an, um deine Willenskraft zu stärken.
- Arbeite an deiner Selbstwahrnehmung und deinen Selbstwirksamkeitserwartungen, um als Person stark zu sein und Herausforderungen meistern zu können.
- Gib und nimm Warmherzigkeit und positive Verstärkung in deiner Partnerschaft, deinen Freundschaften, Bekanntschaften und deinen Arbeitsbeziehungen und sorge so für Menschlichkeit und Rückenwind.
- Lasse dich vollkommen ein auf das, was du tun willst.
- Fokussiere dich auf deine Fortschritte.
- Konzentriere deine Zeit und deine mentale Kraft auf das, was wirklich zählt.

Und vielleicht ist da ja auch das Bild, dass du mit Mitte 80 in deinem Schaukelstuhl sitzt und darüber nachdenkst, ob du „dein Ding" gemacht hast. Und du möchtest vielleicht gemütlich da sitzen und denken, dass du alles dafür getan hast, um dein bestmögliches Selbst zu werden. Es ist nicht wichtig, besser zu sein als alle anderen – es ist nur wichtig, besser zu sein als du gestern warst.

In diesem Sinne: Ein wundervolles Leben dir!

Michaela Brohm
Trier, im Juni 2015

Literaturverzeichnis

Alderman, M. Kay (2008): Motivation for Achievement. Possibilities for Teaching and Learning. (3. Aufl.). New York.

Bandura, A. (1994): Self-efficacy. In: Ramachaudran, V. S. (Hrsg.): Encyclopedia of human behavior. New York: Academic Press, S. 71–81.

Bannink, Fredrike (2012): Praxis der Positiven Psychologie. Weinheim/Basel.

Bauer, Joachim (2009): Beziehungsgestaltung als Voraussetzung von Motivation. Die Schule aus dem Blickwinkel der Neurobiologie. diesseits 3. Quartal, Nr. 88/2009 – Zeitschrift des Humanistischen Verbandes. http://www.schattenblick.de/infopool/weltan/human-vd/whwis014.html (Abruf: 09.05.2014)

Bourdieu, Pierre (1979): Die feinen Unterschiede. Kritik der gesellschaftlichen Urteilskraft. Frankfurt am Main.

Brent, R. Coyle (o. J.): Self-EfficacyScale. www.mytherapysession.com/PDFs/SelfEfficacyScale.pdf (Abruf 2.2.2011)

Brohm, Michaela (2012): Motivation lernen. Das Trainingsprogramm für die Schule. Weinheim/ Basel: Beltz.

Csikzentmihalyi, Mihaly (1990): Flow. The psychology of optimal experience. New York.

Deci, Edward L./Ryan, Richard M. (1993): Die Selbstbestimmungstheorie der Motivation und ihre Bedeutung für die Pädagogik. In: Zeitschrift für Pädagogik 2, 93, S. 223-239.

Fredrickson, Barbara L., Losada, Marcial F. (2005): Positive affect and the complex dynamics of human flourishing. In:

American Psychologist 60, pp. 678-686. http://www.ncbi.nlm.nih.gov/pmc/articles/PMC3126111/ (05.05.2015).

Gable, Shelly L., Gonzaga, Gian C., Strachman, Amy: Will You Be There for Me When Things Go Right? Supportive Responses to Positive Event Disclosures. Journal of Personality and Social Psychology 2006, Vol. 91, Nr. 5, S. 904 –917.

Grenville-Cleave, Bridget (2012): Introducing Positive Psychology: A Practical Guide. London.

Heckhausen, Heinz (1989): Motivation und Handeln. 2. völlig überarb. und erg. Auflage. Berlin u.a.: Springer.

HIS-Institut für Hochschulforschung (2013): Die wirtschaftliche und soziale Lage der Studierenden in Deutschland 2012. 20. Sozialerhebung des Deutschen Studentenwerks, 2012. http://www.bmbf.de/pubRD/20._Sozialerhebung.pdf

Kant, Immanuel (1784): Beantwortung der Frage: Was ist Aufklärung? In: Berlinische Monatsschrift, Dezember 1784, 2, S. 481-494. http://www.deutschestextarchiv.de/book/view/kant_aufklaerung_1784?p=17 (Abruf: 05.05.2015).

Kashdan, Todd (2010): Curious? Discover the Missing Ingredient to a Fulfilling Life (Auflage: Reprint). New York.

Krengel, Martin (o. J.): Flow-Prinzip oder: Das Geheimnis des Glücks. http://www.studienstrategie.de/konzentration/flow-prinzip-fuer-produktivitaet/ (Abruf: 12.01.2014).

Lazarus, Richard S. (1991): Emotion and Adaptation (1. Auflage). New York.

Losada, Marcail F., Heaphy, Emily. (2004): The role of positivity and connectivity in the performance of business teams. A nonlinear dynamics model. In: American Behavioral Scientist, 47, pp. 740-765.

Max-Planck-Gesellschaft (17.04.2014): Dein Stress ist auch mein Stress. Allein das Beobachten stressiger Situationen kann eine körperliche Stressantwort auslösen. http://www.mpg.de/8141685/STRESS_EMPATHIE (05.05.2015).

Mischel, Walter (2015a): Der Marshmallow-Test. Willensstärke, Belohnungsaufschub und die Entwicklung der Persönlichkeit (2. Auflage). München.

Mischel, Walter (2015b): Marshmallow-Test. Fragen Sie das Marshmallow-Orakel. In: ZEIT Wissen, 2/2015. http://www.zeit.de/zeit-wissen/2015/02/marshmallow-experiment-psychologie-walter-mischel (05.05.2015).

Moffitt, Terrie E., Arseneault, Louise. , Belsky, Daniel W. et. al.: A gradient of childhood self-control predicts health, wealth, and public safety. PNAS (Proceedings of the National Academy of Sciences of the USA), 2011, Vol. 108, Nr. 7, S. 2693-2698. doi:10.1073/pnas.1010076108

Murayama, Kou/Pekrun, Reinhard/Lichtenfeld, Stephanie et. al.: Predicting long-term growth in students' mathematics achievement. The unique contributions of motivation and cognitive strategies. Child Development, July/August 2013, 84, Nr.4, S. 1475-1490. http://onlinelibrary.wiley.com/doi/10.1111/cdev.12036/epdf (Abruf 08.05.2015).

Murray, Henry A. (1938): Explorations in Personality. A Clinical and Experimental Study of Fifty Men of College Age (1. Auflage). New York.

Nerdinger, Friedemann. W. (2014): Emotionale Ansteckung. In: Wirtz, P. (Hrsg.): Dorsch – Lexikon der Psychologie. 16. vollst. überarb. Aufl. Bern. S. 438.

Reinecker, Hans (2014): Selbstkontrolle. In: Wirtz, P. (Hrsg.): Dorsch – Lexikon der Psychologie. 16. vollst. überarb. Aufl. Bern. S. 1397.

Steptoe, A., Wardle, J., & Marmot, M. (2005). Positive affect and health- related neuroendocrine, cardiovascular, and inflammatory responses. *Proceedings of the National Academy of Sciences, USA, 102*, 6508– 6512.

Weiner, Bernhard (1994): Motivationspsychologie (3. Auflage). Weinheim/Basel.